蔣經國大事日記

（1979）

Daily Records of Chiang Ching-kuo, 1979

民國日記 | 總序

呂芳上
民國歷史文化學社社長

　　人是歷史的主體，人性是歷史的內涵。「人事有代謝，往來成古今」（孟浩然），瞭解活生生的「人」，才較能掌握歷史的真相；愈是貼近「人性」的思考，才愈能體會歷史的本質。近代歷史的特色之一是資料閎富而駁雜，由當事人主導、製作而形成的資料，以自傳、回憶錄、口述訪問、函札及日記最為重要，其中日記的完成最即時，描述較能顯現內在的幽微，最受史家重視。

　　日記本是個人記述每天所見聞、所感思、所作為有選擇的紀錄，雖不必能反映史事整體或各個部分的所有細節，但可以掌握史實發展的一定脈絡。尤其個人日記一方面透露個人單獨親歷之事，補足歷史原貌的闕漏；一方面個人隨時勢變化呈現出不同的心路歷程，對同一史事發為不同的看法和感受，往往會豐富了歷史內容。

　　中國從宋代以後，開始有更多的讀書人有寫日記的習慣，到近代更是蔚然成風，於是利用日記史料作歷

史研究成了近代史學的一大特色。本來不同的史料，各有不同的性質，日記記述形式不一，有的像流水帳，有的生動引人。日記的共同主要特質是自我（self）與私密（privacy），史家是史事的「局外人」，不只注意史實的追尋，更有興趣瞭解歷史如何被體驗和講述，這時對「局內人」所思、所行的掌握和體會，日記便成了十分關鍵的材料。傾聽歷史的聲音，重要的是能聽到「原音」，而非「變音」，日記應屬原音，故價值高。1970年代，在後現代理論影響下，檢驗史料的潛在偏見，成為時尚。論者以為即使親筆日記、函札，亦不必全屬真實。實者，日記記錄可能有偏差，一來自時代政治與社會的制約和氛圍，有清一代文網太密，使讀書人有口難言，或心中自我約束太過。顏李學派李塨死前日記每月後書寫「小心翼翼，俱以終始」八字，心所謂為危，這樣的日記記錄，難暢所欲言，可以想見。二來自人性的弱點，除了「記主」可能自我「美化拔高」之外，主觀、偏私、急功好利、現實等，有意無心的記述或失實、或迴避，例如「胡適日記」於關鍵時刻，不無避實就虛，語焉不詳之處；「閻錫山日記」滿口禮義道德，使用價值略幾近於零，難免令人失望。三來自旁人過度用心的整理、剪裁、甚至「消音」，如「陳誠日記」、「胡宗南日記」，均不免有斧鑿痕跡，不論立意多麼良善，都會是史學研究上難以彌補的損失。史料之於歷史研究，一如「盡信書不如無書」的話語，對證、勘比是個基本功。或謂使用材料多方查證，有如老吏斷獄、法官斷案，取證求其多，追根究柢求其細，庶幾還原

案貌,以證據下法理註腳,盡力讓歷史真相水落可石出。是故不同史料對同一史事,記述會有異同,同者互證,異者互勘,於是能逼近史實。而勘比、互證之中,以日記比證日記,或以他人日記,證人物所思所行,亦不失為一良法。

從日記的內容、特質看,研究日記的學者鄒振環,曾將日記概分為記事備忘、工作、學術考據、宗教人生、游歷探險、使行、志感抒情、文藝、戰難、科學、家庭婦女、學生、囚亡、外人在華日記等十四種。事實上,多半的日記是複合型的,柳貽徵說:「國史有日歷,私家有日記,一也。日歷詳一國之事,舉其大而略其細;日記則洪纖必包,無定格,而一身、一家、一地、一國之真史具焉,讀之視日歷有味,且有補於史學。」近代人物如胡適、吳宓、顧頡剛的大部頭日記,大約可被歸為「學人日記」,余英時翻讀《顧頡剛日記》後說,藉日記以窺測顧的內心世界,發現其事業心竟在求知慾上,1930 年代後,顧更接近的是流轉於學、政、商三界的「社會活動家」,在謹厚恂恂君子後邊,還擁有激盪以至浪漫的情感世界。於是活生生多面向的人,因此呈現出來,日記的作用可見。

晚清民國,相對於昔時,是日記留存、出版較多的時期,這可能與識字率提升、媒體、出版事業發達相關。過去日記的面世,撰著人多半是時代舞台上的要角,他們的言行、舉動,動見觀瞻,當然不容小覷。但,相對的芸芸眾生,識字或不識字的「小人物」們,在正史中往往是無名英雄,甚至於是「失蹤者」,他們

如何參與近代國家的構建，如何共同締造新社會，不應該被埋沒、被忽略。近代中國中西交會、內外戰事頻仍，傳統走向現代，社會矛盾叢生，如何豐富歷史內涵，需要傾聽社會各階層的「原聲」來補足，更寬闊的歷史視野，需要眾人的紀錄來拓展。開放檔案，公布公家、私人資料，這是近代史學界的迫切期待，也是「民國歷史文化學社」大力倡議出版日記叢書的緣由。

蔣經國大事日記　導言

呂芳上

民國歷史文化學社社長

中央研究院近代史研究所兼任研究員

一、

　　許多人多注意到年輕一代的新新人類，多半要掌握的是立即、當下，要捕捉的是能看得見、聽得到、抓得住的事事物物，視芸芸之人眾生平等，不把「大咖」人物看在眼裡，昨天的事早早忘卻，明天和過去的歷史，更屬虛無又飄渺。即使對一般人，說美國總統川普（Donald Trump），很多人或還記得，談歐巴馬（Barack Obama），即已印象模糊。老蔣、老毛何許人也？知其名未必悉其實，小蔣（經國）、老鄧（小平）印象就沒那麼深刻。在臺灣，坊間對蔣經國評價不一，民間有人把「蔣經國」以臺語諧音說成「酒精國」，雖屬戲謔之語，反見親切。這時代，有人這麼說：一轉身，光明黑暗都成故事；一回眸，歲月已成風景。不過，尋根是人類本性，我們走過「從前」，要說從歷史中尋求如何面對當今問題的智慧，可能太抽象，但問那個時代、那個人物，留下什麼樣足跡？有過何等影響？還是會引發人們找尋歷史源頭的興味的。

　　近代中國歷史堪稱曲折，世界走入中國，用的是兵艦、巨砲，中國走向世界，充滿詭譎與恫嚇。於是時代

的歷史靠著領導者帶著一群菁英，以無比信心、堅韌
生命力與靈妙的模仿力和創造力，共同形塑，造成了
「今日」。

在歷史往復徘徊中，往往出現能打開出路的引領
人。這些有頭、有臉的人物，他們數十年一夢的人生事
跡，對天地悠悠之久，雖也一幌即過，但確實活在歷
史。最怕的是當代、後世好事者，可能為這些人塗脂抹
粉、加料泡製、打磨夯實、描摹包裝、強力推銷，變成
「聖賢」或「惡魔」，弄得歷史人物不成「人」形。

生前飽受公議的政治人物，過世之後也得接受歷史
的公評，這是無庸置疑。但論孫文只說他為目的不擇手
段、評蔣介石說是獨裁無膽、硬把毛澤東功過三七開，
都犯了簡化歷史的毛病；論歷史的事情，既不是痛快
的一句話可以了結，且歷史人物，更不該盲目恭維或
肆意漫罵可以了事。歷史人物的品評，需要多樣資料佐
證，於是上窮碧落下黃泉所得的「東西」，不能不說當
下、即時的紀錄材料，最不能疏忽。這套《蔣經國大事
日記》，作為民國、臺灣歷史人物蔣經國及其時代研究
的基礎，當之無愧。

二、

蔣經國生於 1910 年，1988 年過世。美國史家史萊
辛格（Arthur Schlesinger Jr.）說，二十世紀是一個混亂
的世紀，充滿了憤怒、血腥、殘酷；也充滿了勇敢、希
望與夢想。蔣經國的一生起伏跌宕夾雜著這些特色。他
幼年讀書不算多，1925 年十六歲正當人格成型之際，

被送到冰天雪地的俄國。那段時間，正是史達林掌權清
算鬥爭激烈時期，對他來說想必印象深刻，影響一生。
西安事變後抗日開戰前（1937 年 3 月），帶著俄國妻
子返國，先在家鄉溪口讀書，其後在江西保安處、贛南
專區當行政督察專員，過著中層公務員的生活，並依父
命師從徐道鄰、汪日章等人，接受經典洗禮，對傳統文
化進行「補課」，也零星通曉西方民主、法治觀念，思
想因此有進境，難免蕪雜。抗戰時期往來大後方，除了
在贛南有一批從龍之士外，在重慶擔任三青團幹校教育
長，有了幹校人脈，加上後來在臺組建青年反共救國
團，這幾批人無形中成了他後來的政治班底。

　　蔣經國真正的政治事業是 1950 年代在臺灣開始
的，1950 到 1960 年代蔣介石忙於黨的改造、政治革
新，積極準備「反攻復國」，至於情治系統、國安、國
軍政工事務多交經國負責，這一時期，國外媒體甚至形
容他為「神秘人物」。到 1970 年代聯合國席位不保，
中日、中美先後斷交，國家處境逆轉，大約此時統理國
家的權力也集中到經國身上，威權政治開始有軟化跡
象。不過直到 1980 年代中期之後，已深切感受時代在
變，環境在變，潮流也不能不變。1986 年 9 月，集大
權於一身的經國總統容忍「民主進步黨」成立，等於開
放黨禁；10 月中旬決定「解嚴」，次年 7 月 15 日正式
實施；接著解除報禁、開放港澳觀光，10 月 15 日准許
老兵返大陸探親，民主化邁步向前，對長期威權統治下
的臺灣而言，不啻一場寧靜革命。當年擔任總統副手的
李登輝，後來在《訪談錄》中，很平實的說了這麼一段

話：「大家講李登輝執政十二年民主改革等等，老實講，如果這三年八個月中沒有他（蔣經國）在政策上的變化，我後來的十二年是做不了什麼事的。」

同一時期，蔣經國大量起用臺灣省籍菁英，尤其1972年出任行政院長後，培養省籍人士不遺餘力，1984年在謝東閔副總統之後，提名年輕得多的李登輝繼之，以當時蔣經國的身體條件和年齡，視為是接班人選，十分明顯。在行政院長及總統任職期間，蔣經國不斷走入民間、結交民間友人，1987年又說出「我也是臺灣人」的話語，姑不論是否為政治語言，政權本土化的意味很濃，行動上則多少帶點「蘇俄經驗」味道。

1970年代，國際逆流橫生之外，國內政治異議聲浪頻起，反對勢力運動勃發，規模不斷擴大，手段益趨激烈，當時臺灣幾乎有人心惶惶之感。這期間，1973年及1979年碰到兩次石油危機、國際金融風暴。幸賴十大建設、六年經建計畫等的財經擘劃，安然渡過危局，「臺灣奇蹟」的締造，蔣經國與有功焉。長時間陪侍兩蔣身邊的御醫熊丸說，小蔣極為儉樸，樂與民眾接近，但城府深、表裡不一，恩威難測，並非好相處的朋友；已過世、有點不合時宜，與經國交過手的財經專家王作榮，佩服蔣與巨商大賈保持距離，但也直說，蔣經國是俄國史達林文化與中國包青天文化的混合產物。顯示這位國家領導人多面向的行事與風格，仍大可有進一步研究的空間。

三、

　　1972 年 6 月，62 歲的蔣經國出任行政院長，實質掌理國政。其後 1978 年膺選為中華民國第六任總統，1984 年連任為第七任總統，不幸任期未滿的 1988 年 1 月 13 日辭世，那年他 78 歲。他一生最後的十六年，可說盡瘁國政，奉獻全部心力於臺灣這塊土地。這位關鍵人物在關鍵時期的政府治理成績斐然，此段時間正是臺灣政治、社會的重要轉型期。這十六年的政府政績即使不稱為「經國之治」，說它是臺灣的「蔣經國時代」，絕不為過。

　　這套《蔣經國大事日記》，涵蓋「蔣經國時代」的十六年，起於 1972 年 5 月 20 日出任行政院長，迄於 1988 年 1 月 30 月奉安大溪止，每日行程幾乎均有如實紀錄。嚴格說這是蔣經國行政院長和兩任總統的行政大事記，原係庋藏於國史館蔣經國忠勤檔案中的一種。原作毛筆、鋼筆文件應出諸經國總統秘書之手，察其所錄，很有總統日常行政實錄意涵。每日記載內容主要為蔣經國擔任院長、總統期間之行止、接見賓客、上山下海巡訪各地，重要會議要點（包括行政院院會、國民黨中常會、中央全會、總統府財經會談、軍事會談）、重要文告、年節談話內容等，大自內政上十項建設的推動，持續三十八年之久的戒嚴宣告解除，反共反獨的宣示，對中共三不（不接觸、不談判、不妥協）政策誓言；國際關係上中日、中美斷交，克來恩（Ray S. Cline）與韓、越「情報外交」，李光耀頻頻秘密來臺的臺新（新加坡）交誼，小至中學生給蔣經國「院長精

神不死」的謝卡小故事，有嚴肅的一面，也見人性幽默
的一環。《蔣經國大事日記》如能與蔣經國個人日記搭
配，「公」「私」資料，參照互比，將更能清楚見其行
事軌跡與作為。故而日記固可補《蔣經國大事日記》之
不足（蔣經國日記起於 1937 年 5 月，記至 1979 年 12
月 30 日因視力惡化中止），《蔣經國大事日記》亦正
足彌補日記之空闕。故此一資料，當屬研究「蔣經國時
代」不可或缺的寶貴史料。

四、

　　這套書記錄 1972 至 1988 年中華民國的國家領導
人行政大事，雖簡要，但不失為「蔣學」研究的重要工
具書。

　　本來歷史學的研究與編纂，就有「年代學」
（Chronology），是以確定歷史事件發生時間的科學，
從古代中國《春秋》、《竹書紀年》，到近人郭廷以的
《近代史國史事日誌》、《中華民國史事日誌》等，都
屬之。這套書一如晉杜預的〈春秋左氏傳序〉所言：
「記事者，以事繫日，以日繫月，以月繫時，以時繫
年，所以紀遠近，別同異也。故史之所記，必表年以首
事。」本書所記，甚至細至以時繫分，明確事件發生時
間，提供歷史發展線索，大可作為歷史研究的基礎。對
當代民國史、臺灣史研究而言，資料之珍貴，實無過
於此。

編輯凡例

一、 本書依照「蔣經國大事日記略稿」編輯，依日期
　　 排列。

二、 為便利閱讀，部分罕用字、簡字、通同字，在不
　　 影響文意下，改以現行字標示，恕不一一標注。

三、 附件及補充資料以標楷體呈現，部分新聞報導之
　　 附件不收錄。

目錄

中華民國 68 年（1979 年）

1月1日　星期一

上午

九時，參加中央黨部新年團拜。（三軍軍官俱樂部）

十時正，主持中華民國六十八年開國紀念典禮暨元旦團拜，並致詞期勉全國同胞當樂觀勇敢、熱烈進取，為反共復國作最大努力，爭取必勝必成的革命新機。（在國父紀念館）

十一時五十分，抵達慈湖，恭謁先總統蔣公陵寢致敬。並曾向謁陵之民眾問好。

今日我駐教廷大使周書楷轉達總統致教宗若望保祿二世之覆函，表示響應其和平日文告。

元旦致詞

親愛的父老兄弟姊妹們：

今天是中華民國六十八年元旦，是中華民國的開國紀念日，也是又一個新年的開始，更是我們建國道路上新的一個里程碑。

國父領導國民革命，創立中華民國，目的在求中國之自由平等，因之我們中華民國的立國精神，是本著三民主義、和平奮鬥，以建民國，以進大同。憑此精神，開國以來，我們始終秉持中華民族的崇高特性，以發揮仁愛為中心，以捍衛正義為己任，以維國家的獨立自主，促進世界和平。也所以六十八年來我們雖然時時遭

受內憂外患的侵襲，但一個又一個敵人無不倒在我們光
明純潔的三民主義旗幟之下，我們青天白日的光芒也一
直照耀於全世界。

中華民國的歷史誠然多苦多難，但歷史也可證明，
中華民國從來不向苦難低頭，從來不向艱險屈服，更從
不向敵人投降。立國至今，我們所遭遇的敵人，有無數
的軍閥、各國的帝國主義，以至目前最惡毒也是最後唯
一的敵人——共產匪黨，我們一貫用以迎敵、也用以擊
敗敵人的重要武器，是掌握住五千年來不屈不撓的中華
民族精神和至善至美的民族文化，永遠與真理、正義站
在一邊，勝利也就永遠站在我們一邊。過去我們肅清軍
閥，打倒帝國主義，是為了爭取國家的獨立，也為了保
衛我們五千年的歷史文化。將近半個世紀，我們堅決反
共，更是為了保衛國家的獨立自由和悠久的歷史文化，
不讓我們中華民族的優良傳統被全無中國理性的共匪去
摧殘滅絕，所以我們的反共戰爭，基本上便是保民族、
保文化的革命戰爭。

看共匪竊據大陸三十年來，做了些什麼？它的傷天
害理，罪惡昭彰，真可說是罄竹難書。簡單的說，除了
不停的鬥爭、不斷的流血之外，人民所得到的，只是過
著窮苦的、恐怖的生活，渡著悲慘的、無望的日子，
財產被沒收，家庭被破壞，妻兒被拆散，奪去了人性尊
嚴，喪失了自由權利。使整個中國大陸陷於歷史上空前
未有的黑暗時代。如今匪偽政權於殘民以逞之後，搞它
的國際統戰，勾搭自由世界，妄談所謂「現代化」，其
實這些花招，不是證明共產主義的破產，便是謊言欺

世，愚弄國際政客，來加強它的暴政統治，受害者還是我們中國人民。大陸同胞在無望之中，唯一的希望，就是盼望中華民國政府重光大陸，三民主義再耀神州。因之，我們臺澎金馬自由復興基地生活在三民主義民主憲政下的一千七百萬同胞，和遍佈全球堅貞反共的二千萬愛國僑胞，每個人的肩頭，實在都負著這一歷史性的任務，光復大陸，解救和我們流著同樣血液而被共匪暴政奴役的父老兄弟姊妹，使他們同享安和樂利的生活。

所以我們的反共奮鬥，不到共產主義在中國土地上完全消滅，不到匪偽政權澈底崩潰，決不中止。而我們也深信，違反中國人民意志的任何叛逆組織，不合中華民族傳統的任何邪惡勢力，決不為中國人民所能接受容忍，最後一定歸於失敗。儘管有時客觀形勢會有不利的變化，我們必將繼續奮鬥，直到獲得最後勝利。

當然，目前國家確又處於橫逆侵襲的憂患之中。但國家生於憂患，古有明訓。看今天全國同胞，海內海外，一心一德，所表現的精誠團結與愛國熱忱，充份發揚了我們大勇無懼的開國精神，顯示我們確能莊敬自強，堅忍弘毅，也證明我們能在憂患中成長，更能在憂患中生存強大。只要我們堅定信心，永遠保持革命開國時期一樣的奮發剛強，必能應付任何挑戰，經得起一切考驗，排除艱難險阻，到達成功之路。

先總統蔣公曾經昭示：「能自重則為人之所不能輕，能自強則為人之所不能弱，能自信則為人之所不能欺，能自立則為人之所不能困。」就從今天起，我們更要用自己的頭腦、自己的力量，加倍自重，鞏固自信，

在艱苦中自立自強，來迎接新的戰鬥，開創國家歷史的新頁。

如何做到自立自強，我想除了鞏固國防，發展經濟，加強各項有形的國家建設之外，今天最要緊的應該是首先健全我們的心理建設，也就是國民精神建設，激奮每個人的良知，痛下「革心」的工夫，以確立國民獨立自主的思想為基礎，來強固我們在艱彌厲的定力。

人人愛國，人人報國，人人救國，普遍激發國民的愛國行動，蔚為巨大的救國力量，是國民精神運動的第一步。

除去依賴心理，拋棄僥倖意識，丟開空洞幻想，用整齊嚴肅、踐履篤實的自動自覺，來堅定成功操之在我的決心，激勵公忠報國的熱誠。

地無分東西南北，人無分男女老幼，大家志同道合，肝膽相照，本著風雨同舟，甘苦與共的精神，團結一致，齊一觀念，同一步調，來共禦危難，才是反共救國的唯一出路。

今日國家民族面臨救亡圖存的重要關頭，政府決心以憲政為基礎，盡一切力量，來保障國家社會的安全，促進國民生活的福祉。凡有害於這一目標的任何因素或現象，政府亦必以最大決心予以掃除。我們具有最大的真誠和信心，來善盡保國衛民的責任，任何障礙都無法阻止我們的前進，也決不讓任何壓力來改變我們反共復國堅確不移的方向。

當茲一元復始、萬象更新，我們當樂觀勇敢，熱烈進取，為反共復國作最大努力，爭取必勝必成的革命新機。

願中華民國國運昌隆！

願大家健康愉快，為國珍重！我們一齊以嚴肅的心情、樂觀的態度高呼：

三民主義萬歲！中華民國萬歲！

1月2日　星期二
【無記載】

1月3日　星期三
上午

九時，主持中常會。

1月4日　星期四
今日各報批露，據中央社巴黎二日專電謂，法文新聞雜誌「快訊週刊」刊載其特別代表魏奈特訪問中華民國蔣總統時，總統曾告訴他：「在任何情況下，中華民國決不會與中共政權談判，也不會與共產主義妥協。」並指出匪俄一丘之貉，本質永不會變。對美國一夜之間背棄盟友，片面宣布廢除中美共同防禦條約，感到非常意外。

1月5日　星期五
今日各報批露總統最近在答復德國明鏡週刊駐香港特派員德薩尼提出之問題中，曾強調必勝信念，重申反共決心；並指出如果美國真有誠意關切中華民國之安全與福祉，則應採取有效措施，以確保臺海地區之和平。

1月6日　星期六
上午

十時起，在中央黨部見張寶樹等七人。

外交部今日宣布，外交部已指派政務次長楊西崑為中華
民國政府代表，與美國政府在華盛頓繼續談判今後中美
關係。

1月7日至8日　星期日至一
【無記載】

1月9日　星期二
上午

九時三十分，在府接見新加坡副總理兼國防部長吳
慶瑞。

十時，主持軍事會談。

1月10日　星期三
上午

九時，主持中常會。

1月11日　星期四
【無記載】

1 月 12 日　星期五
上午

十時三十分，接見象牙海岸駐華兼使高飛。

下午

四時，接見美國眾議員伍爾夫等一行，表示中美兩國人民友誼深摯，有共同的理想，今後在持續不斷的基礎上，應作適當安排，以增進彼此的關係。訪問團團員亦分別發言，一再重申對中華民國人民的情誼。此外並就中美兩國的有關問題，廣泛而深入的交換意見。

1 月 13 日至 14 日　星期六至日
【無記載】

1 月 15 日　星期一
下午

四時三十分，在府接見日本眾議員金丸信等十人，曾就當前中日關係以及亞洲的安定安全等問題，共同交換意見。

1 月 16 日　星期二
下午

四時，接見南非駐華大使朴多利。

四時三十分，接見韓國駐華大使玉滿鎬。

五時三十分，見立法委員鄧翔宇。

1月17日　星期三
上午

九時，主持中常會。

常會後，舉行中央工作組召集人座談。

下午

五時，在府接見沙烏地阿拉伯駐華代辦霍蓋爾。

五時三十分，接見日本國會議員中川一郎等六人。

1月18日　星期四
今日發布前緊急處分令第三項（即 67 年 12 月 16 日所發布者）之補充事項，明定增額中央民意代表，在改選前繼續行使職權。

下午

四時，在府接見哥倫比亞總統公子杜爾白夫婦等六人。

四時三十分，接見日本國會議員訪問團。

五時三十分，接見巴拿馬駐華大使賈理（辭行）。

總統令　六十八年一月十八日

　　查民國六十七年增額中央民意代表選舉，前經於同年十二月十六日發布緊急處分令，延期舉行在案。茲以國家面臨之非常情況仍在繼續狀態，尚須體察情勢發展，再行定期選舉，而原增額選出之中央民意代表改選期間，即將屆滿，爰經行政院會議決議，依照動員戡亂時期臨時條款第一項規定，發布前緊急處分令第三項之

補充事項如下：

　　在增額中央民意代表選舉延期舉行期間，暫仍由原增額選出之中央民意代表繼續行使職權，至定期舉行選舉所選出之增額中央民意代表開始行使職權之日止。

1 月 19 日　星期五
【無記載】

1 月 20 日　星期六
下午

四時，在府接見日本國會議員山中貞則等。

1 月 21 日至 22 日　星期日至一
【無記載】

1 月 23 日　星期二
上午

九時三十分，在府接見美國怡新系統公司董事長狄克遜暨亞洲航空公司董事長米契爾。

十時，主持財經會談，期勉財經首長，謀求中美關係新的發展，鼓勵國人及僑外投資，加強國防工業，節約能源，以租稅手段節約不必要的消費，增強對歐洲貿易，並調節物資供應，維持物價穩定，使國民過一個愉快的新年。

下午

四時，在府內舉行農曆除夕談話錄影。

財經會談七項指示

一、中美今後關係，對有關經濟貿易等五十九項條約與
　　協定，雙方業已協議繼續有效；期能在此一關係上
　　繼續謀求新的發展。

二、無論就短期或長期看，投資為今後經濟發展關鍵之
　　所在，應採積極有效措施，鼓勵國人、外人及華僑
　　增加投資，以鞏固國力，此亦為國人報效國家之一
　　項重要工作。

三、為充實國防力量，應增加國防經費，並加強發展
　　國防工業，今後工業之發展，應兼顧配合國防之
　　需要。

四、能源之供應不僅價格有繼續上升之趨勢，且供應亦
　　有短缺之虞，除積極開發及保持安全存量外，更應
　　節約能源之使用。

五、今後可採取租稅手段，以節約不必要之消費，使此
　　項資源轉移於國家建設之用，俾增強國力。

六、近年來對歐洲貿易雖有所增加，但今後更應設法增
　　強，以分散外銷市場。

七、農曆年關在即，盼主管單位有效調節物資供應，以
　　維持物價穩定，使國民過一個愉快的新年。

1 月 24 日　星期三

上午

九時，主持中常會，通過政治外交組研提的擴大舉行國家建設研究會、加強中央民意代表機構功能及整肅貪污端正政風等三建議。

1 月 25 日　星期四

上午

九時五十分，至實踐堂參加譚延闓先生百年誕辰紀念會。

下午

四時起，分別接見駐薩大使羅友倫、農復會主委李崇道、救國團組長鄭心雄、臺大考古研究所長尹建平、成功中學校長李大祥、臺南市議會議長王奕棋等六人。

五時十分，接見行政院長孫運璿。

今日各報批露，總統月前接受美國「幸福雜誌」資深編輯羅萬訪問時，盼望美國人民認清共匪才是其潛在敵人，繼續與我保持友好，實符合美國利益。

「幸福雜誌」問答

問：閣下對美國一向的善意信念是否已受卡特總統突然宣佈承認中共而動搖？尼克森宣佈將訪問北平或卡特宣佈將與中共建立外交關係，此兩者之間，對閣下而言，何者的震撼較大？

答：從尼克森總統訪匪發表「上海公報」到卡特總統宣
　　佈與匪建交，對中華民國所造成的震撼都是一樣的
　　重大，所造成的損害更是累進的，他們一錯再錯，
　　終於造成了美國歷史一次最大的錯誤，更屬令人不
　　可思議。
　　儘管今天美國政府已決定與中華民國斷交，本人仍
　　然堅信，美國繼續與中華民國保持各方面良好的關
　　係，仍然是符合美國本身的利益的。本人深信中美
　　兩國人民之間的友好關係是任何人所不能破壞的。
問：美國國務院已表示視臺灣為中國的一部份，並不意
　　味著視之為中共的一部份。閣下認為需要有何進一
　　步的保證，以確保美國會繼續以一個主權獨立的國
　　家對待中華民國？
答：中華民國自一九一一年建國以來，一直是一個獨立
　　的主權國家，中華民國是中國文化與中國歷史唯一
　　真正的代表。中華民國政府是依據中華民國憲法所
　　產生的合法政府。中華民國的存在一向是一個國際
　　的事實。中華民國的國際地位及國際人格，不因任
　　何國家承認中共偽政權而有所變更。美國應當繼續
　　承認並尊重中華民國的法律地位和國際人格。
問：卡特總統的宣佈是否引起了貴國任何內政問題？
答：當美國政府宣佈與匪建交的決定後，由於影響的
　　巨大，中華民國政府立即採取了三項重要的緊急
　　措施。
　　一、下令三軍採取必要行動加強戒備，以防共匪的
　　　　武裝挑釁。

二、由國家經濟建設委員會協調財政、經濟、交
　　通三部採取必要措施，以維持經濟穩定與持續
　　發展。

三、正在進行中的中央民意代表增補選舉延期舉
　　行，並即停止一切競選活動，以便集中意志，
　　應付當前的緊急狀況。

問：閣下是否認為鄧小平是一個比毛澤東更狡詐，更
　　危險的敵人？假若閣下對此同感，為什麼鄧小平更
　　危險？

答：共產黨徒就是共產黨徒，他們所表現的姿態和手段
　　容有不同，但基本上他們要消滅中華文化並代之以
　　共產主義是相同的。他們推行共產暴政奴役迫害大
　　陸人民的行動也是一致的，就本質來說，他們是一
　　丘之貉，只是在方法上變換一些花樣而已。我們不
　　會為中共頭子們的表演不同而被其愚弄，希望美國
　　人民也能從本質上去認識中共。

問：閣下於昨日曾提及貴國必須更為自力更生，這是否
　　表示中華民國會更少依賴與美國的貿易？閣下是否
　　認為兩國之間的經濟關係由於卡特總統的斷交宣言
　　而受到嚴重影響？

答：任何國家為了減輕受國際政治情勢波動的影響，
　　而建立獨立自主的經濟是必要的，中華民國也不例
　　外。至於中美貿易，這是長期發展而來的互利關
　　係，目前我們是美國的第八位貿易夥伴，這種關係
　　仍須繼續開展，但是為了不使今後中美貿易受到政
　　治或其他因素的影響，經由美國國會立法保障是必

要的。

問：閣下是否願明確地宣佈，以向美國企業家保證，
在未來歲月中，中華民國仍具備私人投資的良好環
境？

答：中華民國過去一向歡迎外國企業家來華投資，並給
予充分的保障，以共同發展我國的經濟，今後這項
政策仍舊繼續並且要加強，我們仍將繼續改善投資
環境，歡迎美國的投資與技術，以配合和加速我國
工業升級的進展與速度。

問：閣下是否有國外旅行的計畫？在未來的幾年內，閣
下是否可能訪問美國？閣下是否願意訪美？閣下是
否考慮邀請卡特總統訪華？

答：本人最近並無出國訪問的任何計畫。

問：中美關係的改變是否會影響到閣下政治方面的
計畫？

答：我們不因中美關係的轉變而改變立國的基本立場和
政治方向。

問：閣下是否願意專對「幸福雜誌」發表其他關於貴國
政治或經濟前途的聲明？閣下是否有關於中美新關
係的任何個人對策告訴「幸福雜誌」的讀者？

答：中華民國與美國有悠久的邦交與合作關係，在第
二次世界大戰中，中美兩國並肩作戰。一九五四年
中美兩國簽訂了共同防禦條約以後，更加強了兩國
的同盟關係，並對亞太地區的安全與和平提供了重
大的貢獻。目前，中美兩國不幸斷交，但中美兩國
人民一向友好，因為彼此間有共同的利益，同時中

美兩國追求民主自由的理想也完全一致，在這個基礎上，中美兩國人民應繼續加強合作並增進友好關係。本人深知，這次美國政府宣布與共匪「建交」，乃是卡特政府的一項錯誤決定，絕不代表美國民意。以下三點，敬請轉告美國人民：

一、中華民國政府與人民感謝美國人民過去對我們的同情與支持。

二、希望美國人民認清敵友。史實可以證明中華民國人民才是他們的真正朋友，而中共政權不僅是中國人民的「公敵」，也是美國人民的「潛在敵人」。

三、希望美國人民喚醒美國決策當局的良知，維護中美兩國人民的友誼。

1月26日　星期五

下午

四時，見孫運璿、蔣彥士。

四時三十分，見賴索托國會議長柯拉蕭。

五時，接見美國友好訪華團，包括韓森、艾希布魯克等一行三十一人。曾為指出臺灣經濟快速發展，是美國重要經濟貿易伙伴；加以臺灣戰略地位居於美國西太平洋防線之要衝，因之中美利害關係密切，深盼將此意轉告美國人民。

五時三十分，見李煥。

1月27日　星期六　農曆除夕

對全國民眾發表除夕談話，希望大家奮發團結，攜手開創更美好的明天。曾特別慰勉春假中辛苦執勤之軍公人員。

除夕談話

親愛的父老兄弟姐妹們：

大家好！經國近來因為事忙，無法離開臺北，所以很久沒有跟大家見面，但我內心無時無刻不在想念著漁港、農村、山上、海邊、鄉鎮、外島、部隊、學校、工廠、商店、礦場、碼頭、菜市、廟宇，以及每個地方所有的朋友們，想著你們經常和我親切的握手、拍肩、談天那種溫暖的友情，尤其在這快要過年的時刻，我所想念的每一個勤勞、樸實、笑嘻嘻的面孔，更是時時都在腦中出現。因之，今天除了要向大家恭賀新年之外還要向大家問候，說一聲：大家辛苦了。

過中國年，是我們中國人的一件大事，也是辛苦了一年之後最快樂的時刻。所以我們在過年時都要謝天地、祭祖宗，這表示一面是感謝，一面是求福。同時這也代表尋求一種安慰，凡事只要能夠做到正心誠意，自會感到平安，獲得滿足。

過去一年，風調雨順，五穀豐登，農業上有很好的收穫，工礦生產、國際貿易，國民所得，都創造了歷年來的最高紀錄，陸海航空更是四通八達，這都是由於民眾和政府真誠合作的結果，也象徵出我們這裡過著豐衣足食的生活。今後政府一定仍要以最大的誠心和誠意來

替大家服務，也希望大家繼續支持政府，信任政府，合千萬人的心為一心，合千萬人的力量為一個力量，那麼我們就必然能夠真正達到國泰民安！

當然，過去一年中間，也遭受到很多的、很大的困難，但也很顯然的，我們都能堅強，都能奮發，並且反在困難之中更加出現了共患難的精誠團結，這是非常難能可貴的精神力量。經國相信憑著這股團結的精神，任何困難都難不倒我們。同時我們還要更進一步的加強發揮這種力量，為著更富裕、更平安、更美好的生活，大家共同作更大的努力！

海的那一邊，大陸上苦難的同胞，根本沒有一天好日子，更談不到什麼過年。他們現在想望要過我們同樣的生活，要求和我們有同樣的自由。所以今天我們在此地，不單是為著我們自己生活，同時還負有一個責任，也要為大陸同胞做榜樣，使他們擺脫共產暴政，和我們能有同一天地，同享三民主義的福祉，同過安和樂利的生活。

經國今天除了向大家拜年之外，還要以最赤忱的心來表達我的願望，就是永遠和大家在一起，同甘共苦，繼續奮鬥，渡過難關，達到成功！

最後，我再要祝福各位家家團圓，新春快樂！特別要對所有在這新春假期中辛苦執行勤務的軍公人員道謝和祝福！

1月28日　星期日　農曆己未年元旦

上午

十時，在府見孫院長運璿、蔣部長彥士等。

十一時，見丁懋松。

十一時三十分，見陸以正。

1月29日　星期一　農曆春節

【無記載】

1月30日　星期二　農曆春節

上午

十時，主持軍事會談。

1月31日　星期三

上午

九時，主持中常會，曾向與會同志祝賀春節。同時指
出，今年春節，無論在國民生活方面、社會秩序和治安
方面，都比往年有很大的進步。而國內外各界同胞，尤
其是青年朋友們，在美匪建交後，堅強不斷表現的愛國
赤忱，和他們對政府的期望與信賴，真是令人十分感
動，由此更增加了我們新的信心。希望大家一切為國
家，一切為人民，無我無私，團結奮發，共同作更大的
努力，求取更多的進步。今日會中繼續研討政治、外交
工作組所提之改革措施。

2 月 1 日　星期四

下午

三時，主持中常會之增開會議，討論社會、文化、財經三組之改革提案。並指示：

一、簽定一個「反共自強公約」。

二、增加並加速興建國民住宅。

三、解決偏僻地區之醫療問題。

四、徵收奢侈稅。

五、擴大實施青年就業之輔訓工作。

六、推動全民守法守秩序運動。

七、輔導農、工、商、漁等團體健全組織。

八、增進低收入者之生活。

九、使孤苦無依者都有養育處所。

今日致電日華議員懇談會會長灘尾弘吉，祝賀其當選日本眾議院議長。

2 月 2 日　星期五

上午

十時，在府接見中美經濟協會美方主席大衛甘迺狄。（由俞總裁陪見）

2 月 3 日　星期六

今日各報批露：總統日前致電洛克斐勒夫人，弔唁美國前副總統洛克斐勒之喪。電文如次：

洛克斐勒夫人：

驚聞洛克斐勒先生逝世，無任悲悼，對這位傑出政治家
的辭世，中華民國政府及人民與美國人民同感悲慟。本
人仍清晰記得在一九七五年先總統蔣公喪禮時與洛克斐
勒先生見面之情景。本人及內人於此謹致衷心唁慰與哀
悼之忱。

中華民國總統蔣經國

2月4日　星期日
下午
四時，在大直寓所觀賞電影「成功嶺上」。

2月5日　星期一
下午
四時三十分，在府接見友我人士拜倫。

2月6日　星期二
上午
十時，在府主持財經會談，就當前經濟問題包括金融、
石油供應、物價及外匯市場等交換意見。

2月7日　星期三
上午
八時三十分，在中央黨部見王任遠等。
九時，主持中常會，通過人事調整案。

中常會人事調整案

一、中央委員會副秘書長黃通依例自退，由吳俊才
　　接任。

二、中央委員會副秘書長唐振楚另有任用，由梁子衡
　　接任。

三、組織工作會主任王任遠另有任用，由陳履安接任。

四、組織工作會副主任俞諧另有任用，由朱堅章接任。

五、組織工作會副主任李荷另有任用，由蕭天讚接任。

六、大陸工作會主任毛敬希另有任用，由白萬祥接任。

七、社會工作會主任沈之岳另有任用，由許水德接任。

八、青年工作會副主任關中另有任用，由王曾才接任。

九、青年工作會增加副主任一人，由李鍾桂充任。

十、政策委員會副秘書長梁子衡另有任用，由何宜武
　　接任。

十一、政策委員會副秘書長白萬祥另有任用，由關中
　　　接任。

十二、考核紀律委員會增加副主任委員一人，由李荷
　　　充任。

十三、臺灣省委員會主任委員潘振球另有任用，由宋時
　　　選接任。

十四、臺北市委員會主任委員易勁秋另有任用，由余鍾
　　　驥接任。

2月8日　星期四

上午

十時，見克恩斯（美國進出口銀行前總裁）。

十一時，見辜濂松等六人。

2月9日　星期五
【無記載】

2月10日　星期六
上午

九時，在中央黨部主持新任正副主管工作會談，並期勉
全體黨員，下定決心，犧牲奉獻，一切為國為民，矢志
將黨的工作做好。

2月11日　星期日
下午

二時，在懷恩堂參加美國前故副總統洛克斐勒先生追思
禮拜。

2月12日　星期一
上午

九時起，在中央黨部分別見中委會各單位新任正副
主管。

2月13日　星期二
上午

九時三十分，新任巴拿馬共和國駐華大使席艾洛來府晉
見總統呈遞到任國書。

十時，主持軍事會談。

2月14日　星期三
上午

九時，主持中常會。

下午

五時起，見孫院長運璿、蔣部長彥士、錢次長復、宋代局長楚瑜及馬秘書長紀壯。

2月15日　星期四
下午

四時，在中央黨部主持中央常務委員、中央評議委員主席團主席聯席會議，決議接受外交部對中美關係所持立場和初步談判所獲結果，希望外交負責人員繼續奮鬥，與美方嚴正交涉，以維護國家最高利益。

今日在我國政府宣布設立新機構，以推展調整後的中美新關係一事之後，向全國同胞發表談話，指出我以堅忍勇毅處理當前變局，以維護國家和人民的權益，呼籲國人堅苦卓絕，百忍圖成，樂觀自信，開創新局，並強調我反共復國基本國策永不改變。

總統談話

　　去年十二月十六日美國政府片面宣布與我終止外交關係，並承認匪偽暴虐政權，實為一齣世界性的歷史悲劇。兩個月來，我們在萬分沉痛的心情下，操危慮患，與美方折衝交涉，為的是要盡一切可能，來維護國家和

人民的權益，以期減少由這不幸悲劇所造成的損害。在
此期間，我們為貫徹基本國策作了最大的努力，而最令
我們感謝的，是全國同胞，無分海內海外，始終給予政
府充分的信任和鼓勵，並且紛紛貢獻智慧與心力。同時
也最令我們感動的，是在美國國會和廣大的民眾之中，
到處散發出正義之聲，給我們溫暖的同情和熱烈的支
持，顯示出中美兩國人民的深厚友誼，也指出了公理自
在人心。

如今為了重建中美兩國間新的關係，我國已決定設
立新的機構，來繼續推展今後兩國之間種種關係。這是
因為中美兩國人民間悠久而緊密不可分的關係勢須繼續
維繫。由於現實的需要，我們不得不以「打脫牙齒和血
吞」的堅忍勇毅，來處理當前變局，也正是我中華民族
特性——堅苦卓絕百忍圖成的表現。現在中美談判仍在
進行，在此時刻，我要鄭重向全國同胞說明：中華民國
反共復國的基本國策永遠不會改變，眼前的艱困，不但
不足以絲毫動搖我們的信念與決心，並且我們以後必將
要以更積極、更勇敢、更堅定的作法，來執行我們的國
家政策。也就是在政治上堅守民主陣容，保障人權；經
濟上加強建設，保持穩定發展；軍事上充實國防，確保
國家安全。只要我們不屈不撓，有為有守，充滿樂觀自
信，做到自立自強，就必能開創新局，展現光明。

經國受國人付託之重，面對國家危難，時刻戒慎恐
懼，不敢稍存疏懈之心。我全國同胞，齊心一德，予政
府以無保留的支持，經國衷心感激，唯有再一次的重
申，決以個人所有的一切，和同胞同甘共苦，緊緊的結

合在一起，為實現我們共同的理想和目標，勇往邁進，
直到贏得最後勝利！

2 月 16 日　星期五
下午

三時二十五分，至松山軍用機場，歡迎李光耀總理
夫婦。

2 月 17 日　星期六
上午

十時三十分起，見孫院長運璿等。

2 月 18 日　星期日
上午

九時，與李光耀總理等乘機赴高雄。

下午

七時，在高雄圓山飯店以晚宴款待李光耀總理等。

2 月 19 日　星期一
晨

返回臺北。

2 月 20 日　星期二
下午

四時，見美國名專欄作家卡諾。

六時三十分，見美國艾森豪獎金得獎人艾浦修。

2月21日　星期三
上午
八時三十分，見中央日報正副社長潘煥昆、姚朋。

九時，主持中常會。

十時三十分，在府聽取總預算簡報。

下午
二時四十五分，至松山軍用機場，歡送李光耀夫婦離華。

我國十項建設之一之中正國際機場，今日下午二時三十分正式啟航，揭開我國民航事業之新頁。

2月22日　星期四
【無記載】

2月23日　星期五
上午
九時三十分，至臺中成功嶺，聽取大專學生集訓班簡報。

十時，主持六十八年度大專學生集訓第三梯次結訓典禮。首先校閱學生隊伍，期勉全國青年發揚「毋忘在莒」精神，再擴大全面的革新、動員、戰鬥，深信復國建國大業必能在我們手裡復興、勝利、成功。

中午

會餐後返回臺北。

下午

五時，見張秘書長寶樹、蔣部長彥士等。

六十八年度大專學生集訓
第三梯次結訓典禮講話

親愛的青年同學們：

今天我來到成功嶺，看到大家步伍整齊，軍容壯盛，感到十分愉快。你們雖然只受了六個星期的軍事訓練，但是已經有了非常豐富的收穫，也充分證明，文武合一的教育訓練，對於青年們意志的磨練、精神的激勵、性格的陶冶、體魄的鍛鍊，確實有價值、有功用、有意義。

事實上，大家會更加體認到，在今天國家民族遭受艱難橫逆的時刻，我們青年精誠團結、群策群力的重要；也更加體認到，自己的前途、個體的生命，實在和國家的前途、民族的生命，血肉相連，密切相關。因此，如同我們的國花──梅花愈冷愈盛愈堅忍，在青年們的內心，自然而然湧發出一種為國家效力為革命奮鬥，接受考驗，創造時代的強烈責任感。

親愛的青年同學們：正在大陸共匪大搞和平統戰而又發動武力戰爭的時候；正在大陸共匪掩飾內部權力鬥爭危機而又不斷掀起其「一批雙打」、「鬥則進不鬥則退」的「翻案風」的時候，大陸青年一批一批的在雲

南、在廣東、在湖南、在福建、在西寧、在杭州、在
上海、在北平……普遍起而參加抗暴；他們不滿「下
放」、不滿暴政，發出了還我自由、還我家庭、反迫
害、反饑餓的怒吼。這代表了被共匪「下放」的六千萬
知識青年反抗的心聲。古人說：「凡與民為仇者，有遲
有速，而民必勝之。」匪偽政權對大陸同胞、對大陸青
年的高壓統治，「與民為仇」已到了不可忍受的程度，
大陸反共抗暴的行動，必會「有遲有速」的爆發掀起，
匪偽政權最後終將在「民必勝之」的歷史鐵則之下崩潰
滅亡。

我們生活在自由中，生活在幸福中的復興基地和海
外的青年們，今天要以良知血性，要以力量行動，來幫
助來支援大陸同胞、大陸青年爭人權、爭溫飽，進而剷
除匪偽政權，來獲得自由、獲得幸福。

因此，今天我們全國青年，要人人心存大陸，念念
毋忘在莒，不僅不能自外於革命戰鬥的行列，而且要人
人「從德業上立志，向學術上爭勝，在行動上建功立
業」。而青年們的愛國精神和行動，就是國家安全、社
會安定的基礎和保障。

所以在國家非常艱難之際，希望全國青年們，深切
記取總統蔣公對於「毋忘在莒」的精神昭示。總統蔣公
說：「從田單明恥教戰，一日復齊七十餘城的往例來
說，就不僅足以堅定我們反攻復國的信念，且亦足以啟
發我們積極奮發的革命精神。」我們要一致發揚領袖昭
示的「毋忘在莒」的精神——堅忍不拔的精神，團結奮
鬥的精神，研究發展的精神，以寡擊眾的精神，主動攻

擊的精神……，可以說，發揚「毋忘在莒」積極奮發的革命精神，正就是我們青年「自覺」的再號召，也就是全面的「革新、動員、戰鬥」的再擴大。

　　青年同學們：當前國家環境如此艱難，民族命脈不絕如縷，我們只有堅忍勇毅，自立自強，不畏艱難，不畏橫逆，國家社會才能轉危為安，民族文化才能生機不息，我們全國同胞也才能有前途、有希望、有勝利。換句話說，我們人人為民族文化的絕續、為國家社會的存亡、為自己命運的禍福，肩負了重大的歷史責任。

　　今天，在大家結訓的日子，和大家談到自覺救國的道路，這是國家對於青年的期許，也是時代對於青年的考驗，也就是我們自己對於自己的期許和考驗。深信我們面臨的艱難橫逆，必能由於我們自己奮鬥到底而克服，復國建國大業，也必能在我們大家的手裡，復興、勝利、成功！

2月24日至25日　星期六至日
【無記載】

2月26日　星期一
上午

十時，主持國父紀念月會。最近新任命之總統府秘書長馬紀壯、外交部長蔣彥士等在會中舉行宣誓，由總統為之監誓。經建會主任委員俞國華在會中作經濟情勢專題報告。

十時四十分，主持財政會談，聽取最近經濟情勢報告，

並就當前財經與金融問題交換意見。

下午
四時三十分，見中央銀行副總裁梁國樹等。

2月27日　星期二

上午
八時十分，至臺北市立殯儀景行廳弔祭名畫家藍蔭鼎之喪。
九時，接見韓國慶熙大學校長趙永植。
九時三十分，見海軍總司令鄒堅。
十時，主持軍事會談。

下午
四時，在陽明山中山樓以茶會款待海外各地回國參加全球華僑團結反共會議的代表六百八十餘人。並致詞勗勉大家發揚愛國奮鬥精神，為重建統一強大的新中國而齊步邁進。
五時，接見烏拉圭參政院院長芮業士夫婦。
五時三十分，接見玻利維亞空軍總司令魯布少將夫婦。

全球華僑團結反共會議茶會致詞

各位女士、各位先生：

　　今天各位代表全球各地的僑胞，從世界不同的角落回到自由祖國，在這裡聚集一堂，舉行團結反共會議，共籌救國的良策。這一事實的本身，說明了中華兒女的

血肉相連，休戚相關，是永遠堅強團結的明證，也是華
僑一貫愛國精神的發揚。

「華僑為革命之母」，我們從中華民國建國以來的
許多史實看，「華僑」與「愛國」幾乎是永遠連在一起
的兩個詞語。提到華僑就必然有愛國的表現，提到愛國
就必然有華僑的參與。華僑愛國——這一光榮的傳統，
在今天我們國家正需要海內海外同胞共同奮鬥、協力救
國的時候，尤其具有重大的意義。

大家看得都很清楚，最近美國之宣布與共匪建交，
使得人類爭取自由民主的運動遭受到一次重大的挫折，
當然也使我們的復國建國大業更增加了艱難的程度。但
這也正是一個磨練我們勇氣與智慧、考驗我們決心與信
心的機會。只要我們能耐得住磨練，經得起考驗，堅忍
勇毅，自立自強，便沒有任何艱難不能克服，也沒有任
何目標不能達成。

當前我們決心努力以赴的，就在衝破一切障礙，克
服所有困難，徹底粉碎共匪在國際上的統戰奸計和對我
們滲透分化的陰謀，來強固我們反共復國的陣營。同時
堅定我們奮鬥目標，積極實踐三民主義，加速國家建
設，更進一步把我們復興基地仁政建設的規模和成果，
最終推展到故國河山的每一角落，使所有中國同胞都能
共享自由民主安和樂利的生活。

在這樣重大的歷史使命的號召下，全球愛國的僑胞
們已經貢獻了無窮的心力，而且這種貢獻的熱忱，還在
繼續不斷的增加。這從僑胞回國訪問人數的與年俱增、
僑胞投資國內生產事業幅面的愈益廣大、僑胞在海外

對抗共匪統戰的更加堅強勇敢，尤其最近兩月來僑胞以精神、以力量、以行動支持政府、擁護祖國的種種事例中，都可以為華僑愛國這一光榮傳統得到鮮明的印證，也在在感動了祖國每個人的心弦，鼓舞了每個人的志氣！

今天我們自由復興基地的十項建設已經次第完成，新的十二項建設也在相繼推動，而新的政治革新、社會建設，更在積極進行，這些無不需要海外同胞的全力支援。因為我們深知，華僑與自由祖國甘苦與共、榮辱一體，自由祖國的強盛，正是我全球僑胞所共同懷抱的熱切願望，所以我們必將珍惜和把握這一分四海同心的熱流，加緊反共復國的一切努力，團結所有中華兒女在青天白日旗幟之下，為消滅共黨暴政、實現自由民主、重建統一強大新中國的共同目標而齊步邁進！

不過，在此時刻，我們還要特別注意，今天共匪正在謊言欺世，高喊「和平統一」的口號，實際卻是一方面更加控制大陸同胞的自由，一方面則是處心積慮加緊對自由祖國破壞顛覆，向僑胞脅迫詐騙，來離間和削弱我們的力量。因之，我們必須提高警覺，強化心防，因為大家認識得都很清楚，每一個中國人所要的，是國家民族永久的團結和平，政治上真正的自由民主，生活上的安定豐足。所以我們應當喚起世人的注意，戳穿共匪的詭計，揭破它偽善的面目，使它無所遁形，而終為世人所共棄。今天就這個機會，對於僑胞們的貢獻，表達個人的敬佩之忱，並提出我們共同努力的目標，向全球僑胞說明我們的信念和決心。深信各位僑胞代表這次集

會，必能更加堅定我們的信念和決心，促進團結反共自
立自強的奮鬥和行動，而為華僑愛國的傳統與神聖的事
功，開啟一個嶄新的光輝的紀元。最後本人敬祝

各位身心愉快！

會議圓滿成功！

2 月 28 日　星期三

上午

九時，主持中常會。

會後，見臺省府主席林洋港。

下午

四時三十分，見陳香梅女士。

四時四十五分，接見多明尼加駐華大使賈瑪瑞。

五時，見劉安祺。

五時三十分，見臺灣省黨部主任委員宋時選。

3月1日　星期四
上午
由參謀總長宋長志陪同至金門訪問，對地方各項建設的
進步，深表快慰。

晚間
曾參加由國立藝專同學演出的軍民同樂晚會，並致詞期
勉軍民同胞，加速建設，加強戰備，為促進地方安定、
繁榮和鞏固金馬復興基地而共同努力，來達成革命復國
的使命。

3月2日　星期五
上午
自金門返回臺北。
見外交部次長楊西崑，聽取其報告中美關係調整的談判
交涉經過。

3月3日至5日　星期六至一
【無記載】

3月6日　星期二
上午
十時，主持財經會談，聽取經建會對今年二月份重要經
濟指標變動報告後，曾指示因應油價、物價，應力求減
低不利影響；稻米收購仍應繼續維持。對最近發生的經
濟違法及銀行貸款不法案件，應切實檢討改進，以避免

影響正常經濟活動之進行。

聽取經建會報告後四項指示

一、今年一、二月進出口及稅收情況均甚良好，應繼續
　　保持。二月份貨幣供給額增加率雖略有降低，但對
　　物價仍應密切注意因應，不使波動幅度擴大。

二、最近國際原油價格不斷變動，勢將增加生產成本。
　　為適應國內經濟發展需要，應週詳規劃，使其對國
　　內不利影響減至最低限度。

三、糧食價格應以市場供求決定，惟現行稻米計畫收購
　　辦法，目前仍應繼續維持。

四、最近發生的經濟違法及銀行貸款不法案件，主管機
　　關應予切實檢討改進，以避免影響正常經濟活動的
　　進行。

3月7日　星期三
上午
九時，主持國家安全會議。
十一時三十分，見美國羅啟德大學校長華理斯。

3月8日　星期四
【無記載】

3月9日　星期五
上午
九時起，分三批見三軍大學戰爭學院召訓班學員。

十一時四十五分，接見國際扶輪社總社長雷諾富夫婦。

3月10日　星期六
上午

十一時，在府接見莫偉禮。（美中經濟協會秘書長）

3月11日　星期日
今日為本府戰略顧問陸軍一級上將何應欽先生九十壽辰。

上午

九時，在府內代表政府以國光勳章一座頒贈何將軍崇酬其獻身革命五十多年保國衛民之卓越貢獻。

十時，至三軍軍官俱樂部，在何上將九秩壽辰茶會中，贈送「松柏不凋於歲寒」壽屏，並致詞推崇何將軍事功德業，已樹立了國人一致仰望的風範。

何應欽祝壽茶會致詞

敬公追隨國父與先總統蔣公，獻身國民革命，不僅在軍事上、在政治上，貢獻國家民族，勳績崇隆，而且致力於促進民主憲政、文化復興、道德重整、革命外交，事功德業，樹立了國人一致仰望的風範。

敬公革命一生，實在和我們國民革命光榮奮鬥的歷程，息息相關、密不可分，而在東征、北伐、剿匪、抗戰、戡亂時期，如棉湖之役、惠州之戰、松口之師、龍潭之勝、獨山之克，沒有一次不是激烈艱難的戰鬥，

也沒有一次不是敵眾我寡、兵力懸殊的形勢，但是敬公
都能指揮若定，以寡擊眾，扭轉戰局，造成決定性的勝
利；尤其是在本黨清黨的時候，敬公堅持反共，不稍妥
協；而西安事變發生，敬公擁護領袖，號召忠義；日本
侵華日急之際，敬公主持軍務政務於華北，籌策肆應，
完成抗日的戰略政略部署；對日抗戰期間和勝利受降之
後，出任參謀總長、國防部長和行政院長，整建軍備，
維持政務。可以說，敬公都是受任於險惡之際，奉命於
危難之間，堅持原則，砥柱中流。敬公的清懷亮節，真
如歲寒不凋的松柏，愈受風霜，愈見剛毅，愈經冰雪，
愈加勁挺。

　　今天我們更明白的看到，敬公一生奮鬥的精神和方
向──對於革命主義的實踐篤行，對於革命責任的全力
貫徹，對於革命艱難的無畏無懼，不成不已。敬公的偉
大志事和風範，實在使我們大家嚮慕景仰。

　　今天我們以歡欣的心情，祝賀敬公嵩壽，松柏長
青；我們也以無比的信念，祝我們的國家民族生機蓬
勃，中興再盛。

3月12日　星期一

上午

八時四十分許，至陽明山前山公園，種植龍柏一株，以
紀念國父逝世五十四週年及中華民國六十八年植樹節。
隨後並巡視前山之入山環境與行人地下道等處，沿途曾
親切慰問清潔工人與賞花遊客。

3月13日　星期二

上午

九時三十分，在府接見日本政論家福田恆存。

九時四十五分，接見西班牙雅報記者柯契洛。

十時，主持軍事會談。

十一時，見孫院長運璿、蔣部長彥士等。

3月14日　星期三

上午

九時，主持中常會。

十時三十分，見蔣堅忍、王文光。

3月15日　星期四

下午

四時三十分，接見世界退伍軍人總會會長范蘭士霍夫婦。

五時，見立法委員司徒政等。

五時三十分，見進修回國軍官羅漢華等五人。

3月16日　星期五

下午

四時三十分，在府接見美國聯合國同志會國家政策研討會訪華團赫威特等二十人，與彼等交換當前世局意見。

3 月 17 日　星期六
上午

十一時，在府接見美國史卡拉匹諾教授（美國加州大學東亞研究所主任）。

3 月 18 日　星期日
【無記載】

3 月 19 日　星期一
上午

十一時，在府接見香港工商日報董事長何世禮等。

3 月 20 日　星期二
上午

九時，見孫院長運璿、蔣部長彥士、高部長魁元及宋總長長志等。

九時三十分，多明尼加共和國新任駐華大使谷士曼晉見總統，呈遞到任國書。

十時，主持財經會談，聽取當前財經狀況後，曾指示由行政院轉洽國防工業發展基金會，商撥自強救國捐款，先購買 F5E 飛機十八架，編成自強中隊，於今年雙十節時舉行獻機典禮。

十一時三十分，見高雄市長王玉雲。

財經會談指示
一、由行政院轉洽國防工業發展基金會商撥海內外同胞

捐獻的自強救國捐款，先購買 F 五E 飛機十八架，
編成空軍自強中隊，於今年十月十日雙十節時，舉
行獻機典禮。

二、經濟發展至目前階段，國內各種產品的生產水準，
應積極促使其由仿造進入創新，此須由更進一步提
高科技水準入手，並應普遍獎助生產技術方法及經
銷方式的研究發明。

三、農工業產品的出口（海運、空運）作業及手續，應
再研究儘量予以簡化，並縮短其作業程序及時間，
以避免可能對業者造成的損失。

四、建築業為帶動其他工業的重要部門，金融機構對於
建築業的資金融通，應照常辦理，不宜收縮。

五、國際各種生產原料（包括石油）價格，不斷上升，
應即採取因應措施，以儘量減低國內產品的成本，
尤應密切注意保持民生日用品、特別是食物類價格
的穩定。

六、經濟犯罪案件，影響經濟的正常發展及社會民生
安定，行政院應對此類犯罪案件嚴加查辦，並設法
遏止。

3月21日　星期三

上午

九時，主持中常會。

十時三十分，見大陸工作會主任白萬祥。

下午

四時三十分，在府邀晤青年黨主席陳啟天、幹事長王師曾、副幹事長張希為等，就加強團結反共救國有關問題，徵詢該黨意見。

3 月 22 日　星期四

上午

九時三十分，見外次錢復。

十時，見軍方調職人員康景文等十八人。

下午

四時三十分，在府邀晤民社黨主席孫亞夫、李緞、楊毓滋、劉中一、秘書長張遠清等，就加強團結反共救國有關問題，徵詢該黨意見。

3 月 23 日　星期五

上午

九時三十分，見鄭彥棻。

十時，主持國父紀念月會。會中由僑務委員會委員長毛松年報告「當前僑情動向與今後僑務努力重點」。

十一時，見巴拿馬外交部次長卡斯都羅維契夫婦。

3 月 24 日至 25 日　星期六至日

【無記載】

3月26日 星期一
下午

四時三十分，在府見司法行政部改隸問題研究小組並邀
張秘書長寶樹參加。

3月27日 星期二
【無記載】

3月28日 星期三
上午

八時，在國防部兵棋室主持臨時性會談。

九時，主持中常會。

下午

四時，在府內大會堂以茶會款待全國各界青年代表
一百六十五人。並致詞期勉全國青年，高舉黃花岡先烈
前仆後繼必勝必成的光輝旗幟，勇敢地、堅定地，向前
邁進。茶會後，曾邀請全體青年代表參觀總統辦公室並
在總統府前廳與大家合影。

五時，在府接見沙烏地阿拉伯計劃部長納茲爾等。

五時三十分，見金防部司令官李家馴。

款待全國各界青年代表茶會致詞
親愛的青年朋友們：

明天是青年節，今天和農民、勞工、學生、反共義
士、軍公教各方面的青年代表見面，內心覺得十分愉

快。尤其感到快慰的，是看到國內和海外，千千萬萬的
青年們，在學術方面、在生產方面、在國防戰線上、在
國民外交上、在體能活動上、在各自的工作崗位上，有
許多卓越的成就，有許多堅強的行動，有許多感人的故
事，而最近我們國家面臨艱難的時刻，更表現出了這一
代中國青年愛國的熱誠、優異的氣質、蓬勃的朝氣和奮
鬥的精神，使世人都明白，中國青年不可輕侮，中國青
年必有作為。

這一切事實，顯示青年的確是國家民族的新生命，
是國家民族的新力量。如果有人問，中國的希望在那
裡，中國的希望就在我們青年的身上。

我們都知道，我們國家民族每當存亡絕續的重要關
頭，挺身出而奮鬥的，就是青年，因此一個重大的時代
使命，都是以青年為中堅而完成的。而每一個時代的青
年也都深切的體認自己對國家民族的使命，勇敢地承擔
起來。

今天，時代的使命再度呼喚我們，這個使命就是我
們中興復國的大業。而今天青年們也都已經體認這個使
命，正在各個不同的崗位上獻身致力，並且已經有了相
當的成就。而今天青年們更都以自己參與了承擔了這個
使命的角色為樂為榮。

正因為中興復國大業是如此重要的一個使命，我們
要完成這個使命便不得不對自己提出更嚴格的要求。換
言之，必須要效法革命先烈、發揚青年報國的傳統精
神，竭力盡心，犧牲奉獻，特別要強調的：
第一、是要不斷的研究創新——我們知道知識就是力

量，尤其在這知識爆炸的時代。我們必須永不
滿足地擴大知識的廣度和深度，而且針對眼前
和潛在的問題，不斷地研究如何運用知識、創
新知識，求取一切進步的技術和方法，才能開
發無形的人腦能源，產生力量。

第二、是要持志堅忍奮鬥——中國青年的心中，從來沒
有困難的字眼，也沒有危險的觀念，中國青年
為了國家民族，義之所在，即奮鬥貫徹，不成
不止。中興復國是一個艱難奮鬥的歷程，所以
我們這一代的青年必能不畏艱難，衝破橫逆，
但是我們還要遵循先總統蔣公勉勵我們的，要
「鬥志而不鬥氣」，所謂持志不懈，自強不息，
堅忍奮鬥，貫徹始終。因為我們都能了解，
我們所爭取的並不是一、二百米短跑的暫時超
前，而是革命奮鬥馬拉松競賽的最後勝利。

第三、是要加強團結合作——在中興復國之進程中，
我們所追求的，並不是軍事的、政治的、經濟
的、社會的、科技的、文化的，或其他任何
一方面的單獨成就，而是許多方面的共同集
體之成就。而且這也絕不是某一戰場上少數英
雄的戰績，而是許多戰線上廣大群眾的總體戰
果。尤其共匪正在對我們進行分化破壞的統戰
陰謀，我們更要團結一致，合作無間，手足相
親，肝膽相照，來發揮更大的集體力量，創造
更輝煌的總體戰果。

親愛的青年朋友們，我們知道，從事任何一項艱鉅

的使命，愈接近完成的階段，愈會受到嚴格的酷烈的考驗。但是一個信心堅定的人受到這種考驗，都好比松柏經得起歲寒，梅花堅勁於霜雪，不僅不會為環境為時勢所阻遏、所挫折，而且必定經得起嚴格的酷烈的考驗，而突破難關，而欣欣向榮，得到最後的勝利和榮耀。今天，我們這一代的中國青年，也已經面臨最後勝利前夕的考驗。讓我們大家一齊重申完成中興復國大業的信心，集結海內、海外和大陸青年的意志和力量，高舉黃花岡先烈前仆後繼必勝必成的光輝旗幟，勇敢地、堅定地、向前邁進！

3 月 29 日　星期四　青年節
上午

十時，至圓山忠烈祠主持春祭革命先烈及陣亡將士大典。

十時十五分，在大直寓所見孫院長運璿等。

3 月 30 日　星期五
下午

五時，在府接見厄瓜多爾三軍聯合參謀長羅瑞格斯夫婦等。

3 月 31 日　星期六
【無記載】

4月1日　星期日
【無記載】

4月2日　星期一
下午

五時，在府接見日本前防衛廳長官金丸信等。

4月3日　星期二
上午

九時三十分，在府接見韓國外務部長官朴東鎮，曾就兩國間共同關切事宜，以及當前世局交換意見。晤談約三十分鐘。

十時，主持財經會談，聽取最近經濟情勢報告，希望各有關部會注意穩定物價，並且有效調節民生必需品的供應。

今日令准高雄市改制為院轄市（七月一日為實施日期），並任命王玉雲為高雄市市長。

4月4日　星期三
上午

九時，主持中常會，決定高院以下法院隸司法院，司法行政部仍隸行政院，以建立審檢分隸新制。並定一年內擬定具體辦法及有關法律草案，依法定程序貫徹實施。又在聽取文工會主任楚崧秋之一項報告後，曾重申反共國策絕不改變，我們不與共匪和談之基本立場，亦從不

改變。並指示應防範共匪統戰陰謀，且應採取一切可能之行動，揭發共匪統戰陰謀。

4月5日　星期四
上午

九時，中央政府在國父紀念館舉行先總統蔣公逝世四週年紀念會，由總統主持。前總統嚴家淦在會中致詞，呼籲國人團結奮鬥，共同一致邁向光復大陸的光明里路，貫徹先總統蔣公之遺志大願。

十一時，總統率領中央黨政首長至慈湖蔣公陵寢，致最高敬禮與永恆懷思。

4月6日　星期五
上午

十時，在國防部兵棋室舉行一般會談。

下午

四時三十分，在府接見全美中華會館主席、中華公所主席等。

四時四十五分，接見沙烏地阿拉伯衛生部長蘇瑞利。

五時，接見玻利維亞參謀總長卡斯迪羅夫婦。

五時十五分，接見瓜地烏拉經濟部長索羅薩諾夫婦。

4月7日　星期六
上午

十時，在府見軍方調職人員吉承俠等十二人。

今日報載總統在「領袖雜誌」發表專文指出，中華民國
政治安定，實為當世無價之寶。而我們未來的計劃，則
著眼於根本改變經濟結構及提高生產力。

領袖雜誌「中華民國繼續為自由世界服務」

從中國的歷史看，中國人多能肆應橫逆。事實上我
們一直相信「多難興邦」的箴言。我們的同胞對卡特宣
布與中共「建交」一事感到極為憤慨，然而，中華民國
人民隨即將此種憤慨化為一股奮鬥的新力量。

在開發中國家間，無論在所有權方面，在匯出收益
方面，在政府對發展承諾及友善的投資環境方面，我們
都具有吸引外資的最優厚條件，在去年所修改的一項投
資法規中，原本對新投資給予五年的免稅優待可能加以
延展，俾便投資者能獲得最大的利潤。

我們所提供的政治上的安定，在今日世界上成為一
種難以獲得的無價之寶。

由於歷年來對外貿易皆有出超，目前我們持有的外
匯存底達到七十億美元，這種情況更增加了我們在國際
貸款機構中的信用。此外，因為我們對國內的貨幣以及
今後的繁榮深具信心，今年我們正在修改外匯交易制
度，建立外匯交易市場，俾資施行浮動匯率制。同時在
今年一月間成立了一所進出口銀行，以便進一步地促進
對外貿易，並刺激精密出口工業的發展。

我們最近發展的重要成績，是自一九七五年開始的
十項建設計畫，今年年底全部完成。此十項建設計畫中
的七項基本建設，是擴建運輸系統及電力設施，其餘三

項是現代化鋼業工廠、造船廠及石油化學工業系統。在
十項建設次第竣工之時，另一個新的十二項建設計畫正
逐漸展開，他們是：擴建鋼廠、繼續興建核能發電廠第
二、三廠、擴建港口、完成環島鐵路網、新建東西橫貫
公路、延長及拓寬高速公路、加速改善農田排水系統、
農業機械化、修建海堤及河堤工程、開發新市鎮廣建國
民住宅及建立縣市文化中心。

我們未來的計畫著眼於根本改變經濟結構及提高生
產力。在這方面，尤其歡迎對技術密集及資本密集工業
的投資。我們誠懇的呼籲國際工商人士，我們相信，
他們在經由與臺灣貿易及投資的途徑下，會獲得極大
的利益。

4 月 8 日　星期日
【無記載】

4 月 9 日　星期一
下午

四時四十五分，參觀外貿協會所主辦之第五屆「臺灣機
械展售會」，對展出五百餘件國產機械之各種性能與操
作方法，垂詢甚詳。停留約一小時許離去。

4 月 10 日　星期二
上午

九時，在府接見美國新聞與世界報導記者華萊士。
九時三十分，接見沙烏地阿拉伯朝覲部長阿布都瓦西。

九時四十五分，接見巴拉圭駐華大使阿爾巴林格。

十時，主持軍事會談。

下午

四時起，分批約見關中、王任遠、胡健中、沈錡及汪希
苓等。

美國總統卡特今天簽署中美關係法案，維持與我商業、
文化及其他關係。

4月11日　星期三

上午

八時三十分，見谷正綱先生。

九時，主持中常會。

常會後，聽取訓練簡報。

下午

五時三十分，見黃少谷、張寶樹等。

4月12日　星期四

上午

九時三十分，見高部長魁元。

十時，見軍方調職人員周國華等十四人。

下午

四時三十分，接見薩爾瓦多外交部長羅德楷夫婦等一行。

羅德楷代表薩國政府，以金質大十字勳章，贈送總統。

夜
十時，啟程赴馬祖。

4 月 13 日　星期五
今晨蒞臨馬祖前線，親切訪問軍民同胞，巡視地方建
設，聽取軍政簡報，並勗勉軍政幹部，一心一意，建設
基地，矢志復國。

4 月 14 日　星期六
今值總統六九晉七秩華誕，自馬祖訪問返臺後，即前往
慈湖謁陵。
各方面均依照總統「值此國難，不敢言壽」之心意，除
院部首長曾往大直寓所祝賀及軍事首長代表三軍上書表
達效忠外，無其他祝壽舉動。

4 月 15 日　星期日
今日馬德里銷數廣大之雅報，刊出總統接受該報記者
柯契洛之訪問時，曾表示「中華民國之基本政策，是與一
切愛好自由民主的國家，加強各方面的友好合作關係。」

上午
十時十分，蒞臨三峽鎮，參觀有「東方藝術的殿堂」之
稱的清水祖師廟，並訪問鎮公所，與民眾親切晤談，並
勉勵鎮長努力地方建設，為民眾謀求福利。

雅報訪問談話

一、中美斷交，貴國是否認為這是三十年來的盟友的背
　　叛行動？

答：美國背棄盟友，屈從中共所提的建交條件而與中華
　　民國斷交，已經在美國以及世界各地的新聞輿論，
　　有極為廣泛的報導與評論。同時國際間對美國此
　　舉已有公評，也有許多朋友代我們說出了內心的感
　　受，本人對此一問題不再置評。

二、中美斷交將可明白確定臺灣地位，及其與其他國家
　　間的關係，您是否認為那些與北平建交的國家會使
　　其與貴國維持更具體的關係？

答：中華民國的基本政策是與一切愛好自由民主的國家
　　加強各方面的友好合作關係。

三、您認為中、越共的衝突，將對亞洲和平構成嚴重威
　　脅，或者這是中華民族抵抗外國侵略的必要行動？

答：匪越戰爭為亞洲共黨政權間的內鬥，與民族抗戰的
　　心理不可混為一談。中華民族依據她的文化背景與
　　特性，只會對壓境與入侵的強鄰產生全民抗戰的行
　　動，而不會欺凌一個比她小的民族。而中共則反其
　　道而行。

四、北平與華盛頓間的諒解，使得傳統性的聯盟失去均
　　衡，臺北與莫斯科間是否有接近的可能性？

答：絕不可能。

五、如果美國不提供武器，貴國是否有可能在未來仍舊
　　維持強大武力？

答：一個國家的國防力量不只靠武器，更重要的是確保

自由的信心與意志。我們有無比的信心，也有堅強的意志，確保我們的自由生活方式。同時，目前我國三軍所需要的大部分武器裝備均能自製，並正在全力發展新式的武器。

六、貴國是有強烈的反共思想，拒絕任何妥協，但今日世界潮流顯示「和平共存」可使許多不同政治體制的國家同時存在，您是否認為貴國的這種反共已犯有時代的錯誤呢？

答：中華民國崇尚和平，但和平並不是脫離原則和基本立場，沒有原則的妥協，只有給自己的國家甚至世界帶來不可挽救的災難。「慕尼黑」式的妥協慘痛歷史可為殷鑑，本人希望任何自由國家，都不要再犯這種錯誤。

七、在中國大陸上，興起了鄧小平的實用主義，您認為這是否會使北平與臺北有接觸的可能。或加速臺灣的獨立，或於將來可能成為近似香港或澳門的自治地位呢？

答：你所說的這些都不可能，中華民國有其歷史性使命。那就是使大陸上八億同胞重獲自由，並且能享受今天自由中國人民所享有的富庶和幸福生活。在達成這一使命前，我們絕不放棄奮鬥的原則和目標，更不能讓大陸同胞灰心失望。

八、西班牙曾為中華民國的忠實友邦，您認為西班牙與臺灣將來應維持何種關係呢？

答：我們中西兩國都是有悠久歷史文化的國家，而我們兩國人民也都崇尚民主自由、追求幸福的生活。

在這種共同的理想上，兩國人民應該發展進一步的親
密關係，特別是從經濟貿易的交往與文化交流著手。

4月16日　星期一

今日報導，總統答復美國柯普萊通訊社特派員提出問題
時表示，我有能力與信心，為保衛臺澎金馬的安全，贏
取這場反共戰爭的勝利。並指出我們絕不與匪談判，也
不與共匪發生任何接觸。

下午

四時起，分別約見王惕吾、郝柏村、余紀忠、張寶樹、
孫運璿等。

答復美國柯普萊通訊社特派員凱瑞所提問題

一、

問：美國承認中共政權，對中華民國未來福祉及安全，
　　發生若干問題，閣下是否預料貴國在未來某一時
　　刻，有必要保衛自己國家，對抗中共的軍事攻擊？
　　若然，這個時刻尚待多久便會來臨？

答：中共企圖併吞臺灣，已訂入其偽憲法，並為其既定
　　的目標，至其武力犯臺的時間，端視中華民國的防
　　衛力量而定。但中共為鎮壓其內部動亂，也可能隨
　　時進犯臺灣，以轉移其危機；因此，我中華民國軍
　　民更當發奮圖強，一面積極發展國防科學，更新武
　　器裝備，一面高度警覺，隨時準備迎頭痛擊中共的
　　武裝攻擊，以維護我們自身的安全。

二、

問：中華民國是否能贏得這場戰爭？

答：中華民國這些年來，一直重視國防，我們的軍隊，
一向士氣高昂，精神旺盛，組織與訓練嚴密，我們
的政府與人民有能力也有信心，為保衛臺、澎、
金、馬的安全贏得這場戰爭。但是，我們都知道，
對付國際共黨的向外擴展侵略，自由國家必須互助
合作，因此，我們希望美國能提供足夠的防衛武
器，以強化我們的軍事裝備。

三、

問：閣下是否以為有與中共政權談判以解決雙方政府歧
見的可能？

答：我們的立場，是絕不與中共談判，也不與中共發生
任何接觸。
中共在與美國建交以後，大事推銷其「和平統一」
的論調，來達到它難以武力達成的目的，我們絕不
會誤中其圈套。
尤有進者，中華民國為了給予海內外熱愛民主，以
及大陸上渴望自由的同胞一個重建國家的範式，
為了不被誤解我們已放棄了為自由民主而奮鬥的目
標，也絕不能與中共有任何接觸與談判。

四、

問：即使全面解決的談判不可能舉行，閣下是否可能進
行談判，以謀恢復某些互惠的活動，諸如通郵、文
化經濟往來、家族團聚？甚至使貴國運動選手與中
共運動員一起參加國際競賽？

答：在中國大陸內部，一切人類基本的自由，中共都不
　　能給予大陸人民，卻奢談與外界交往流通，完全是
　　中共欺人之談。只有中共徹底廢棄共產主義體系，
　　建立自由經濟，恢復民主政制，以三民主義為立國
　　根本，臺灣海峽兩邊人民才有通郵、通航、通商、
　　文化交流的可能性。

　　同時，中國大陸是封閉的社會，中華民國則是開放
　　的社會；在這種狀況下，中華民國如與中共進行諸
　　如您所提及的那些交流活動，其結果只是提供中共
　　向我們開展滲透、顛覆活動的機會。

　　然而，中國大陸的人民是我們的血肉同胞，我們絕
　　不與中共偽政權接觸和談判，卻一直在努力支援大
　　陸上反共抗暴的同胞，共同為推翻共產暴政，使大
　　陸同胞重獲自由而奮鬥。

五、

問：假如不可能談判解決，閣下所面臨者為與中國大陸
　　長期不戰不和的狀態，如是，則貴國外交政策，在
　　尋求國家安全時，將以什麼為主要原動力？

答：中華民國外交政策一貫「堅守民主陣容」的主要原
　　因，是確信自由民主是支配人類前進的主流，共產
　　主義和共黨極權暴政都只是過眼煙雲，瞬即成為過
　　去。因此，使大陸同胞重獲自由的奮鬥目標，遲早
　　終必達成。我國今後在各方面，包括外交政策上，
　　將全力開拓我們與世界各友邦及愛好自由、民主與
　　和平的人民的關係，積極發展今天中華民國在臺灣
　　之政治、經濟成就及生活方式；以此成果，擴大為

對大陸同胞強有力的政治號召，結合大陸上反共抗
暴鬥爭，推翻中共暴政，恢復大陸同胞自由，建設
三民主義新中國，共同致力於亞太以及全世界的和
平、安定與繁榮。

六、

問：閣下是否預見貴國在取得防衛本身所必需的武器
時，將會有某些困難？

答：我們將全力克服任何困難，在此，我要指出：在臺
灣的中華民國一向是東北亞與東南亞之間海運及空
運通道的主要穩定力，美國片面廢棄中美共同防禦
條約後，中共與蘇聯均有可能利用美國廢約所造成
的情勢，採取行動掌握這條攸關亞太地區繁榮及穩
定的通道以進一步擴張其勢力範圍。後果將使整個
亞太地區的戰略失去平衡，而對亞太非共國家及美
國造成損害。因此，我們希望有關國家均能認清利
害，及時充分供應我們所需要的防衛武器，以確保
這一地區的安定與和平。

七、

問：美國同意出售的防衛性武器，是否足夠貴國需要？
如否，貴國能向何處取得所需武器？貴國至感需要
的武器為何？

答：關於供給武器的類別與數量，以往美國所供應的偏
重於陸戰武器。而中華民國最迫切需要的，乃在確
保臺海的制空權與制海權。換言之，中華民國最需
要高性能的飛機以及現代化的反潛設備。今後美國
供應中華民國防衛性武器，其類別與數量，應以防

衛臺、澎、金、馬安全需要為著眼點，並以尊重我
方立場為磋商基礎。我們一方面希望美國繼續出售
武器，滿足我們的需要。同時我們自己也正在不斷
努力研製防衛性武器。

八、

問：總統閣下，上述問題中隱伏著一項重大問題，就是
貴國是否會轉而以蘇聯為未來軍備，特別是重要物
資的供應來源，以及為因應目前世局，貴國與蘇聯
是否會衍生出新關係？閣下是否願回答此一問題？
中華民國顯然被置於極艱危的境地，我想貴國在未
來安全上，正承受極大壓力與需求，這點是美國人
所難以了解和完全理會的；閣下說明貴國在敵視環
境下如何確保未來，對於澄清貴國外交政策，以及
我國展望亞太地區未來和平，將有很大幫助。

答：蘇聯是幫助中共在中國叛亂的國家，五十年來備受
共黨殘害的中華民國，絕不會天真到接受「敵人的
敵人就是朋友」的說法。

其次，我要指出：在外交方面，中華民國今後將一
本反共政策，堅守民主陣容，本道德勇氣和正義精
神，繼續為世界和平與安定提供積極的貢獻。在推
進對外關係方面，今後將加強實行總體外交，一方
面，對與我有邦交國家將更密切加強各種合作，全
力擴大經濟、技術合作的範圍，以鞏固雙邊關係。
另一方面，對無邦交的非共國家，將經由各種途
徑擴大接觸，進一步推展經濟、貿易、文化等實
質關係。

九、

問：如果蘇聯提供軍經援助，閣下是否會接受？

答：如前所述，中華民國一向堅持反共立場，並無任何
　　與蘇聯交往的計畫。我們將「堅守民主陣容」，為
　　維護民主自由生活方式而繼續奮鬥。最近，貴國廣
　　大人民及國會為中美關係的維持所表達的同情和支
　　持，便給予我們很大的鼓舞。

十、

問：過去數月來，中共政權已擬定主要經建計畫，其
　　目的在使中國大陸於本世紀結束前成為現代工業國
　　家；某些統計指出：要達成這個目標，在一九八五
　　年以前需投下六千億美元資本。閣下對中國大陸經
　　濟情勢有深切了解，是否相信中共政權能夠：

　　（1）獲得這筆投資資金，進行此種經建？

　　（2）在僅有極少物資外銷時，能償付此種經建？

　　（3）培養進行此種經建所需的技師、科學家及受
　　　　　教育人口呢？

　　（4）維持政治上足夠的穩定，以配合龐大的經建
　　　　　計畫？

答：關於第一個問題，中共連大陸九億人口的最基本物
　　資需要都無法滿足，自然無法用自己的力量籌措這
　　筆資金，因此必須仰賴對外舉債。雖然日本及歐美
　　一些國家承諾給予貸款，但本人相信：當外國金融
　　機構對中共償債付息能力及多變的政權，有更進一
　　步了解之後，自然更加審慎，中共向外大量借款會
　　益形困難。

關於第二個問題，在貿易方面，中共所能出口的貨品，僅限於農、礦產品及一些低價值的工業產品，去年全部輸出不過一百二十億美元，這些外匯除購買糧食及消費品外，供進口機器設備的外匯為數不多；而中共要推動所謂「經建計畫」。至一九八五年以前，每年約需八百五十億美元的投資。從以上所得外匯及支付投資金額的差距，不難看出中共欠缺償還投資及貸款的能力；目前中共準備拿來償付貸款的物資，主要是石油，但是大陸石油的蘊藏量究竟有多少？能夠開採多少？以及在什麼時候才能大量開採出來以應外銷？都是問題。

關於第三個問題，據中共估計，至一九八五年，其所需的專業科技人才為八十萬人；但目前中共僅有四十萬人。十年的「文化大革命」，已把整個教育制度破壞了，學校被迫停課，知識分子受迫害，教育素質低落。目前不僅學校設備落伍，師資也難求。雖然中共將派遣人員至國外學習，但緩不濟急；因此現在中共最感困難的問題之一，是缺乏經建所需的科技人才，而這項問題，在短期內是無法解決的。

關於第四個問題，大家都知道，中共政權信奉「階級鬥爭」的哲學，以「永遠鬥爭」為維持政權的手段；僅只毛澤東死後的最近二年，中共高階層的權力鬥爭已有數度反覆，他們絕對無法維持政治上長期的穩定，亦即無可能使實際工作人員能全心全力長期推動其「經建計畫」。

本人相信，中共所謂「經建計畫」，只是中共統治階級為鞏固領導地位，以另一種虛偽方式蒙蔽與壓榨人民血汗及迷惑外人的宣傳伎倆。

十一、

問：過去二十年來，貴國締造卓越的經濟成長，請問貴國的景氣是否已經消退？貴國有何進一步經建擴張計畫？在面對中共政權的現況下，貴國能否繼續維持獨立、繁榮與安全？

答：過去二十多年，中華民國政府陸續推動經建計畫；目前六年中程計畫已進行至第四年。近年來我國先後已完成及即將完成的高速公路、鐵路電氣化、重化工業及核能發電廠等十項基本建設，現又積極推動另十二項建設，期使工業升級，農業現代化，及交通運輸進一步改善。

過去一年的努力，使我們在以往高度成長的經濟上，更創造了歷年來最高的經濟成長率——百分之十二點八，每人國民所得超過一千四百美元，不僅出口、進口，甚至於工業生產都締造了歷年來的最高紀錄；另一方面，物價卻保持相當平穩。可以說，目前我國的經濟，在安定中持續景氣。

雖然中共正在進行四個現代化，並冀望在外交、經濟上孤立我們，但基於如下事實，中共這個企圖必難達成：目前與我有貿易往來的有一百四十餘個國家與地區，一九七八年我國的貿易量為二百三十七億美元，是美國的第八貿易夥伴；日本出口的第四大市場，亦為石油輸出國家之外世界上

　　的第十九位大貿易國家。在如此堅固的經濟基礎
　　上，深信我國必能繼續維持安全與繁榮。

十二、

問：總統閣下，最後一項問題請教您：中共受到數度長期
　　性政治暴亂的打擊，目前當權者鄧小平高齡七十四，
　　已經活不長了，閣下是否預期在中國大陸上會有更
　　多的政治混亂？鄧匪死後會發生什麼情況？

答：不需要等到鄧匪身死，中國大陸便會出現更多的
　　政治混亂。當前中共高階層的權力鬥爭，進行「現
　　代化」所帶來的矛盾與危機，數千萬下放青年的不
　　滿，匯合廣大工農群眾改善生活環境的要求，將形
　　成大陸人民爭自由、爭民主、爭生存的反共潮流，
　　這一切都將導致政治混亂。

4月17日　星期二

上午

九時三十分，烏拉圭駐華大使賈維利亞到府晉見總統，
呈遞到任國書。

九時四十五分，見俞國華。

十時，主持財經會談，聽取三月份經濟情勢報告，曾提
示財經首長，密切注意物價發展。此外並聽取了「提高
農民所得，加強農村建設方案」之執行情形。

4月18日　星期三

上午

八時三十分，接見美國霍斯敦市市長麥康夫婦等。

九時，主持中常會。

下午

四時，見臺北市長李登輝。

四時卅分，見南非國家安全部次長范威克。

五時，在府約見臺澎地區天主教各教區之總主教、主教郭若石、羅光等十一人。於親切晤談中，希望大家在今天物質上的建設已積極推展進步之時，共同為更進一步的精神上的建設而努力。

4 月 19 日　星期四

上午

九時，到達僑光堂，向參加六十八年輔導會議之退除役官兵代表等講話，勉勵大家以更大的建設，實現三民主義的理想，號召大陸同胞，使大陸同胞重獲自由。

十時起，見軍方調職人員武端卿等十人。

下午

四時三十分，見美國波音公司董事長威爾等四人。

五時，在府內大禮堂以茶會款待三十二國退伍軍人組織首長八十餘人。

4 月 20 日　星期五

上午

十時，主持國父紀念月會，勗勉國人於中美斷交後，應更堅強、更振作，為國家生存，為民族發展而繼續努力

奮鬥，深信我們必將重回大陸。

下午

四時三十分，接見美軍協防司令林德少將。

五時，在府以茶會款待臺灣地區基督教會負責人，與彼
等暢談宗教與人生意義。並表示政府必將更進一步協
助所有宗教工作者，一齊為愛國家、愛眾人的理想而
努力。

今日報載總統最近接受香港工商日報常務董事何鴻毅訪
問時，重申絕不與任何共黨國家往來之既定國策。

四月份國父紀念月會致詞

　　中華民國六十七年十二月十六日這一天，對所有的
中國人來說，是一個永難忘懷的一天。那是使我們深感
痛心的日子，也是讓我們奮勵自強的日子。我們之所以
深感痛心，是因為居自由世界領導地位的美國政府，
認敵為友，竟跟三十年來非法竊據中國大陸、殘殺人民
無數、不斷危害世界和平的匪偽政權建立了所謂「關係
正常化」，而與一個悠久友好合作，並有共同防禦盟約
關係的忠實友邦，且始終為自由奮鬥的中華民國斷交，
實在令人痛心和憤慨。而所以讓我們奮勵自強，則正因
為世道艱險，使我們更加深切體認先總統蔣公訓示的真
義，「在任何情勢下，唯有本身的力量，才是真正的力
量」，「一切事業要靠我們自己來奠基，一切問題都要
由我們自己來解決」。所以我們不但不氣餒，不灰心，

並且更堅強、更振作，為國家生存，為民族發展而繼續奮鬥努力。

斷交後，中美兩國為建立新關係所舉行的談判，不論其方式和內容，在外交史上都是史無前例。回想談判中間，我們深知環境十分惡劣，但是為了貫徹國家目標，必須做到「持其志，毋暴其氣」，所以我們唯有克制忍辱，來進行這一次的談判。我們也深感肩挑的擔子十分沉重，但是為了確保國家利益，必須堅定奮發，排除萬難，所以我們唯有毅然負重，來承擔一切苦難。這都因為我們不但是要保護復興基地一千七百萬同胞的生命、自由和幸福，更要幫助大陸上的億萬同胞擺脫共匪暴政的壓迫，使他們也能夠得到自由、幸福的生活。這是關係著中華民族世世代代禍福的一件重責大任，唯有我們以極大忍辱負重的決心和精神，才能擔當，才能完成。所以我們的忍辱，決不是懦怯和軟弱，乃是為了要能負重所必需的勇敢與剛強！當然，我們的忍辱也有極限，因為我們非常清楚，唯有中華民國的堅強屹立，東亞的和平、安定才有保障，因之我們堅守「持續不變」、「事實基礎」、「安全保障」、「妥定法律」和「政府關係」五項談判原則，不僅是為中美兩國的共同利益，也是為了整個亞洲乃至全世界的福祉，從而當仁不讓，盡力挽回歷史的創傷，來揭開一頁新的歷史。今天我們大家，不但要作歷史的見證人，更是要作歷史的創造者！

很明顯的，在過去四個月的這段期間，許多事實已給未來歷史留下了發人深省的重要紀錄。

首先，我們國內國外的同胞，紛以熱烈感人的行動，表現出高度的報國赤忱和擁護政府的真心，種種可歌可泣的事蹟，繪成了一幅又一幅動人的愛國史畫，顯示了中國人一致反共的堅決意志，也證明了國家愈在艱難的時刻，國人愈益精誠團結，充分發揮中華民族的無畏精神。

其次，美國國會和廣大的美國人民，投給我們無比溫暖的友情，也給予我們重大的支持，強烈反映出正義公理自在人心，也說明了中美關係之密不可分。我們除了衷心感激之外，更相信中美兩國的關係一定會繼續增強與發展。

再看在這時期，大陸上被奴役的同胞，遍地風起雲湧，在呼號，在吶喊，要求自由，要求民主，要求工作，更要求向臺灣看齊。這是大陸同胞壓在心底多年反共抗暴的吼聲，也是他們渴望自由、嚮往繁榮、心向我們政府的明證，更清晰的說明了臺澎金馬復興基地的存在，對大陸局面的改變具有何等重大的影響！

特別值得注意的，是在這期間內，世界各地所發生的激烈變化，從越共與棉共的火拼，共匪的進兵越南，到中東伊朗政局的劇變，中約組織的解體，南北葉門的衝突，以至非洲的戰亂，印度洋上的赤色陰影，不是匪蘇的爭權奪霸，競相向外擴張，便是共產集團的黷武好鬥，殘害無辜人民，足以說明美匪建交，不但無助於世界和平，相反的，直接或間接的給世界增添了危機與禍患。

毫無疑問，今天的世局是在越變越亂。但我們有我

們的自處之道，那就是在劇變之中能把握革命原則，堅持反共立場，在動亂之中能發揮高度的定力，實踐基本的國策。同時，我們也有我們奮鬥的路線，那就是先求生存和穩定，次求開拓與發展，再求勝利和成功。深信只要我們本此認識，秉此策略。穩紮穩打，以我們的精勤奮發，加上人人貢獻出智慧和一顆愛國的心，我們就必能勝利成功。

今天我們盱衡全局，深覺中華民國現在所處的關鍵地位，較諸以往任何時期更為重要，因為如今大陸同胞已經深知共產主義必定破產，再也不信共匪那一套的虛偽欺詐，再也不對共匪抱有任何幻想，他們知道中華民國的存在是中國命運的希望所在，他們唯一的願望，是我們復興基地的強盛壯大，早日使大陸重光。因之，在此情況之下，我們一定要咬緊牙關，應付任何衝擊。站穩腳跟，突破任何逆流。繼續努力，加緊建設，使國家更堅強，力量更結實，來完成大陸同胞所期望於我們的任務。

事實上，我們在此復興基地所推行的民主政治、自由經濟和開放社會的政策，對大陸已經發生了極大的震盪，並且深入了大陸同胞每個人的內心。所以我們的力量，實在已經登上了大陸，並對大陸同胞的反共怒潮已在產生發酵作用。我們有無比信心，朝此方向不斷發展，大陸的重見光明必在不遠！

當然，目前最重要的，是要鞏固復興基地，內部必須緊密團結，嚴防敵人的滲透、分化和顛覆活動。那些都是共匪最惡毒的慣技，專門以所謂「一分為二」的手

法，企圖製造我們內部矛盾，來削弱我們的力量。所以我們必須人人警惕，切勿中了奸計，大家都應體認同舟一命的處境，要以「合二為一」和「合萬眾為一」的團隊精神，同心同德，群策群力，發揮整體統合的功能來粉碎敵人對我們「二分法」的陰謀，來擊敗敵人的統戰。

古人有訓，居安思危，何況我們現在並不居安，更要時時保持最高警覺。尤其敵人很可能在統戰伎倆不逞之後，鋌而走險，進行武力犯臺，所以我們應當作好萬全準備，來迎接戰鬥。不過，經國可以肯定的說，一旦共匪真的動武，那便是匪偽政權全面崩潰的開始，也就是我們勝利契機的來臨。因之，在這時刻，我們願意以最誠摯的心，給「解放軍」的官兵作一個善意的忠告，你們本來都是純正的中華男兒，不幸作了匪偽政權奴役統治的工具，與其將來被迫驅上戰場，為共黨頭目當人海戰術中的砲灰，不如及早回頭，揭竿起義，以「解放軍」來解放大陸同胞，在青天白日旗幟下來消滅污穢和醜惡的五星旗，做三民主義的義勇軍，和我們國民革命軍裡應外合，徹底摧毀共黨暴政，還我自由！

我們已經一再宣示，決不和邪惡的共黨妥協，決心以復興基地民主、自由和開放的政治經濟建設，向大陸推進，來挽救中國的命運。我們重申，不到全中國大陸重沐青天白日的光輝，全中國同胞重享三民主義的仁政，我們的奮鬥，決不中止！

我們深信，我們必將重回大陸！

香港工商日報常務董事何鴻毅訪問全文

一、

問：現在中華民國在國際地位上似日趨孤立，尤其美國
　　宣佈與中共建立所謂「關係正常化」之後，不知我
　　政府有何計劃使目前尚與我有邦交關係的國家，能
　　對我維持信心，尤其使海外華僑對我政府不致感到
　　失望？

答：美國與中共建立了所謂「邦交」，不但中華民國深
　　感到激憤，全世界愛好自由崇尚和平的人士也都感
　　到失望。但是，中華民國並沒有因此陷於孤立。因
　　為目前除了與我們保持正常外交關係的友邦以外，
　　其他自由國家在經濟、貿易、文化各方面都和我們
　　保持著非常密切的實質關係。中美關係突變後的幾
　　個月中，我們對外貿易數字在不斷增進，經濟在持
　　續成長，我們全國上下愈益團結奮發。今後將在過
　　去三十年中追求自由、民主、繁榮所獲得成就的基
　　礎上，繼續努力，按照既定計劃謀求國家的進一步
　　發展，也繼續在國際社會中負起積極的責任，得道
　　多助，在國際關係中，我們將有進一步的發展。近
　　兩三個月來海外投資數額有增無已，以及國際上與
　　我經濟合作日益加強，足證海外僑胞對我信心倍
　　增。我們不僅有著大陸上億萬愛國反共的同胞對我
　　們嚮往支持，而且我們有自由世界各個國家的許
　　多朋友，予我們以精神和道義的支助，真理正義
　　始終在我們這一邊，因此我們不會孤立，永遠不
　　會孤立。

二、

問：現在不論在臺灣投資的各國人士或各地華僑，在美
　　國與中共建交之後，有無向我政府提出「保障」的
　　要求？如有，是否可以指示若干要點？

答：凡是在中華民國投資的外國人士或海外僑胞，對我
　　國的投資環境瞭解均極深刻。他們對中華民國政府
　　負責任的態度和未來的前途都具有信心。所以沒有
　　因為美國外交政策的變更而提出特殊的要求。

三、

問：我政府前曾多次宣示不與蘇俄談判，但今後對於貿
　　易上是否有考慮到可與蘇俄及其他東歐共產國家作
　　有限度的商業上往來？

答：堅守民主陣容，是我國基本國策之一，曾不止一次
　　的宣示我們的堅定立場。今天，我願意重申此一決
　　心，中華民國絕不考慮與任何共黨國家從事往來。

四、

問：中共最近發動的統戰陰謀，所謂擬與我方通商、通
　　航、通郵及各項聯繫以至兩地人民可以自由往來等
　　問題，對我作心理攻勢，不知總統是否可以指示今
　　後我方對此等問題，作如何處理？

答：中共自與美國「建交」後，進一步採取一連串的和
　　平統戰陰謀，企圖加強對我分化破壞，中華民國早
　　已鄭重表示絕不妥協的立場，中共的統戰陰謀，雖
　　可迷惑國際上認識不清的人士，但是，凡是中國人
　　都能深深體會其陰狠毒辣，我們具有數十年的反共
　　經驗，自然不會輕易踏入中共所佈置的陷阱。我們

深信，今後中共將繼續有更多的統戰活動，但是，除非中共徹底放棄共產主義，解散人民公社，接受民主自由的政治制度，我們永不會放棄我們的既定目標。

五、

問：現在臺灣長大的人民，對大陸親切的情形，似漸趨淡薄。又臺灣的生活水準，不知好過大陸多少倍，因此，這些年輕的一代是否與老一輩具有同樣的思想——要堅決返回大陸？

答：中國必須統一的觀念和立場是不容置疑的，而我們堅持光復大陸，就是為了謀求中國的統一。中華民國的青年對大陸同胞具有血濃於水的感情，對共黨極權殘暴也有深刻的認識，所以，對於光復大陸具有強烈的責任感。正因為「臺灣的生活不知好過大陸多少倍」，我們的青年都覺得有責任把中華民國在臺灣的政治制度和生活方式帶到大陸上去。

六、

問：傳聞若干在香港觸犯法律的人，以臺灣作為「庇護站」而引起法律問題致生誤會，不知總統對此問題有何看法？

答：中華民國是一個尊重人權崇尚法治的國家，只要是合法入境或合法居留在國內的人，不論其來自有無邦交國家，都受到我們法律的保障。作奸犯科者，也都將受到我們法律的追訴和處分。但是，對任何犯罪案件的偵審都要遵循法定程序和重視證據，這才是法治的真諦和可貴之處，從香港來的任何人

涉嫌犯罪的，中華民國司法當局都在尋求香港當局
的合作而依法處理。所以中華民國絕不是犯法者的
「庇護站」。

4月21日　星期六

上午

十時半，搭乘自強號電聯車抵達臺中市。首先探望已退
休之司機陳聰明，然後訪問臺中市政府及曾市長官舍，
詢問目前市政情形及一般物價實況。

十一時五十分，至草湖，訪問商店居民，受到民眾歡呼
致敬。

中午

十二時二十分，抵達中興新村，與林主席共進午餐。

下午

二時後，訪問草屯鎮農會、平林農民住宅重劃區及平林
國小。對平林學校，住戶飲水問題曾囑省縣設法解決。
四時，乘車離去。

4月22日　星期日

上午

九時許，自日月潭出發，首先抵達山之鄉觀光城，巡視
陳列的民俗古物。

十時許，轉赴仁愛鄉武界水庫及發電廠參觀。

中午

在水庫附近介壽亭略作休息，並進午餐。餐後至麒麟里

1979 年 4 月

訪問居民許再舜經營之魚池。

下午

三時許,至埔里森林公園,看到園內之「臺灣地理中心」碑,與虎頭山上中心碑相同。提示南投縣長劉裕猷,應以聯勤勘測立於虎頭山者為準。並以「山清水秀」四字,指示替代園中碑上之刻字。

4 月 23 日　星期一
下午

五時,見陳資政立夫。

4 月 24 日　星期二
上午

九時十五分,在府接見索羅門副總理兼財政部部長凱尼卡等。

九時三十分,接見宏都拉斯外交部長巴爾瑪,交換世局意見。巴爾瑪並代表宏國政府,以宏都拉斯國父莫拉桑大十字金質勳章致贈總統。

十時,主持軍事會談。

4 月 25 日　星期三
上午

九時,主持中常會,決定對最近一再發生之經濟犯罪事件,應由行政院從政主管同志督飭負責部門予以徹查,並作嚴正處理,以全力維護社會善良風氣與共同利益。

此外研議中央銀行改隸行政院。

4 月 26 日　星期四
上午

十時起，見軍方調職人員石伯華等六人。

十時二十分，見成堅（因外職停役辦理退伍）。

十時三十分，見國策顧問楊家瑜。

十時四十五分，見徐亨、丁善理。

十一時，見呂光。

下午

四時，視察空軍作戰司令部自動化防空系統。

4 月 27 日　星期五
上午

九時，在府接見新加坡環境發展部長林金山暨文化部長王鼎昌。

十時，主持一般會談。

下午

四時三十分，接見教廷駐華大使葛錫迪。

五時，在府以茶點款待中國佛教、道教、回教界人士，親切交談，並期勉宗教工作者追求仁義，袪除邪惡，使人人充滿信心，造成和諧進步社會。

4 月 28 日　星期六
上午

十時，見國策顧問陶百川。

十時四十五分，見王蓬。

中午

十二時十分，蒞臨三芝鄉，訪問臺北市長李登輝之祖居。由李市長夫婦親自接待。停留約半小時，然後由李市長陪同前往智成忠義宮參觀，並在該處午餐。

午餐後，步出忠義宮時，受到千餘鄉民熱烈歡呼，總統亦分與握手問好，然後離去。

4 月 29 日　星期日

上午

蒞臨瑞芳鎮。先後至鎮公所、瑞三煤礦侯硐礦業所、鼻頭角、鼻頭漁港等處訪問，並與礦工、漁民及遊客閒話家常。

下午

前往基隆，視察即將興建竣工之八斗子大漁港第一期工程，並參觀安樂示範國宅及北五堵百福社區。對漁民與勞工生活均大為改善，表示十分欣慰。

三時二十分，離基返北。

4 月 30 日　星期一

下午

四時三十分，見日本眾議員藤井丙午等。

五時起，分別見政務委員周宏濤、李國鼎、費驊等三位。

5月1日　星期二
上午

九時三十分，見參謀總長宋長志。

十時，主持財經會談，對當前財經情況及最近發生之經濟犯罪案件，甚為重視，指示有關部會應即研擬有效防止措施，以維社會安定。

下午

五時，在府以茶會款待民國六十八年模範勞工二百三十七人。致詞期勉全國勞工們在工作中更求進步，增加生產力量。並強調政府今後要更為努力，保障勞工權益，使人人有產業，人人有幸福。

5月2日　星期三
上午

八時三十分，在中央黨部接見日本日華關係議員懇談會新任會長坊秀男夫婦等。

5月3日　星期四
上午

八時二十分，至市立殯儀館弔祭故中央評議委員戴愧生先生之喪。

九時三十分，在府接見美國時代雜誌香港分社主任克拉克。

十時三十分，接見巴拉圭工商部長吳嘉德等。

十時四十五分，見旅美僑領江仕華。

十一時，見中油公司總經理李達海。

十一時三十分，見臺電公司總經理朱書麟。

下午

三時，在中央黨部主持中央工作會議。曾就地方黨務改進、宗教歪風、大陸工作，以及青年學生意見調查的反應等，分別有所提示，並希望研提改進的辦法。

接見美國時代雜誌香港分社主任克拉克談話

克拉克：閣下及貴國人民對美匪關係正常化一事，關切已久。閣下認為，此一事實是否如當日想像的那樣壞？

總　統：我們曾以各種方法阻止其成為事實，但終於發生。我們的首要工作為面對這件事實，處理其對我國所造成的危機，特別是對社會的不良影響。我們必須採取行動使不幸後果減至最低限度。在過去幾個月內，我們一直運用各種可能方法，在經濟、軍事、社會、及政治各方面鞏固我們的國家，並以各種可能步驟團結全國上下。我們認為只要內部能堅強團結，必能抵禦外來的衝擊。在應付此一挑戰下，除採取這些步驟外，我們深感中華民國和美國多方利益相共，中美兩國人民的密切關係永遠不能中斷。

克拉克：在美國宣佈美匪建交之後，貴國的股票曾經下跌百分之十五。目前又告回昇，較去年

十二月十六日上漲百分之十一。這是否為海
內外對貴國前途具有信心的象徵？

總　　統：如果個人回答中美關係改變對中華民國未構
成任何損害，那是不實之談。在過去數月
內，對中華民國曾有過若干損害。特別是，
今天我們的國民仍有些感到心理上的打擊。
今年底中美協防條約作廢，將是兩國關係的
另一關鍵性因素。中華民國應盡其所能應付
這一新挑戰。自去年十二月十六日起，有兩
個星期的情形最不穩定。但當政府宣佈了應
變的斷然措施後，這種情況已告穩定。在那
兩週內，股票市場跌落，美金黑市價格隨之
上漲，許多國內及國外投資人好像在重新考
慮是否繼續在中華民國投資。但是我們認
為，從今年元月以後，情形已大形改善，目
前已十分穩定。在處理此一危機時，美匪宣
佈建交後的頭兩個禮拜最為艱難。

克拉克：閣下談到協防條約，您是否認為美國國會所
訂的中美關係法案已重新保證了貴國的地位
與安全？這項立法對貴國的保障，有些地方
是否較以前更為廣泛，例如反制中共之經濟
禁運或封鎖？

總　　統：個人認為中美防禦條約不僅對中華民國重要。
對美國也同樣重要，特別是回顧一下在一九
五四年簽訂此項條約時，當日個人亦是參加協
商訂約人員之一。很顯然地，當時美國覺得需

要類此的安全安排。讓我們把一九五四年的情
勢與一九七八年比較一下，個人相信今天情況
並無多大改變，特別是從美國在世界此一地區
的防禦態勢看來，更是如此。為了美國和中華
民國雙方之利益計，這條約應繼續有效。但美
國已決定廢止此一條約，卡特總統且已宣佈其
意欲在本年底予以廢止。美國國會通過的中美
關係法案，表示關心中華民國的安全。個人認
為這是甚有其必要的。美國必須繼續關切中華
民國的安全與穩定，因為就美國在世界此一地
區的戰略地位而言，這是非常重要的事。中美
協防條約的目的正是為此。今後如果臺灣海峽
發生某種嚴重事態，美國失去它在世界這地區
的地位，則世界安全所受的損害，將較越南淪
亡更為嚴重。日本、菲律賓、新加坡和此地區
的其他國家，都將發生嚴重防禦問題。

克拉克：在新的形勢中，閣下是否滿意於貴國具有對
　　　　抗攻擊之自衛能力？

總　統：談到自衛一點，不能僅限於軍事的衡量。臺
　　　　灣海峽上的戰爭，其規模將具有軍事性質及
　　　　政治性質。因此我們不能僅考慮軍力之強
　　　　弱，政治因素亦要列入考慮。中華民國現有
　　　　的一千七百萬人民都關心他們的前途，都愛
　　　　好和平，且都努力維持此間之自由與穩定。
　　　　任何時間發生危機，都將團結一致抵抗威
　　　　脅。政治團結與熱心維護自由，增強我們的

軍事實力。至於大陸的情形，如果共匪想對我
們採取軍事行動，大陸人民必群起反對，發展
成反戰運動，且可能爆發內戰。這種情形將阻
止共匪對中華民國採取軍事行動。因此，我們
不應僅考慮軍力之大小──例如這邊和那邊有
多少飛機，多少軍艦；而應考慮影響形勢的政
治因素。一方面我們需要美製武器，同時我們
亦自製武器。就軍事需要而言，我們擁有雙重
的補給來源。不過共匪軍力的擴張殊無止境，
我們也必須增強戰力，以應付此一威脅。今
後，在武器供應方面，我們希望增強自給能
力。我們喜於見及美國仍然關切臺灣之穩定與
安全。這在心理上使我們增加信心。

克拉克：閣下適才談到，中共一旦侵臺，將導致大陸
內部的反戰及內亂。但前時共匪出兵越南，
共匪內部並沒有激烈的反戰現象。閣下是否
相信，匪越之戰和日後可能發生的中共與中
華民國間的戰爭，性質將迥然不同。

總　統：你所見甚是。共匪對中華民國之戰，與共匪對
越南之戰，性質極為不同。共匪進攻越南時，
可找到許多理由加以辯解。但如果攻擊我們
時，則必須有極好理由。我們也是採取一個同
樣的態度。當中華民國就核子問題採取決策
時，我們採取不製核子武器的堅定政策。如果
我們製造出核子武器，我們將用來對誰使用
呢？因為我們的敵人只有共匪，我們絕不願意

以原子彈來殘害自己的同胞。

一旦共匪出兵攻臺，大陸上將引發新的政治危機。您或仍記得，一九五八年金門砲戰時共匪內部所發生的情況。即使共匪未企圖出兵搶登金馬，內部已經爆發政治危機。彭匪德懷由於政策判斷不同而被解除職務。

另外一點是，匪越之間邊界毗連，易於出兵。但臺灣與大陸之間的軍事行動，必須考慮到天然屏障——一○○至一二○浬的臺灣海峽。這種兩棲軍事行動，對他們將極為危險。他們必須準備犧牲一、兩百萬或甚至三百萬軍員的兵力，以及遭遇大規模的後勤支援及運輸問題。不過我們不能僅恃此以求安全，必須時刻警覺戒備。在建軍上我們一向三軍並重，但為防衛臺灣海峽。自美國採購軍事補給時，須著重空軍及海軍裝備。

克拉克：閣下並不認為共匪在與蘇俄交惡，並在處理越南、高棉問題失利的情況下，以及致力於達成四個現代化的目標之時，會貿然犯臺？

總　統：根據所知，共匪對越南用兵之傷亡數字，遠超過其預料情形。據我方情報，此次出兵越南傷亡達三—五萬人之鉅，並不如初時判斷之易與。同時李匪先念曾向一位訪問共匪的美國人說，此一軍事行動並不是共匪與越南衝突之結束，而為其長期介入的開始。因為共匪絕不可能坐視越南趨於穩定，任憑越、高、寮倒向蘇

　　俄。這是一項複雜情勢，河內與共匪間關係，沒有容易的解決方案。目前越匪間所謂的「和談」，個人認為只是「戰談」。至於共匪自知「四個現代化」將難達成，然則何以他們提出如此龐大的計劃？其目的僅在愚弄美國人及其他外國人──吸引他們的注意力。民主牆上張貼的大字報亦然。共匪的「四個現代化」，乃在於使外面世界誤認為大陸將變成一個大市場。

　　談到大字報，鄧匪並未想培養真正的民主運動，只想作個櫥窗，讓外國人誤認大陸將變得更民主、更現代化。但在實際上，一個國家如不先現代化其思想及政治體制，其餘便無法現代化。除非共匪現代化其思想與政治體制，它絕不可能實現「四個現代化」。因此，個人不相信「四個現代化」對我們有任何影響。

克拉克：閣下認為在預期的將來，中華民國有沒有可能與共匪改善關係，有沒有任何聯繫的途徑？例如貿易、通郵等。

總　統：我想請我們的友人們注意，任何「接觸」或「聯繫」只是共匪用來破壞我們反共心防的伎倆。在瞭解它的目的之後，我們不能幫助他們瓦解我們的防務。

克拉克：貴國在奧會會籍問題上，似乎有所改變與妥協而接受了一個中國兩個委員會的立場。這是否較趨彈性的跡象？

總　統：在國際奧會會籍討論中，我們始終堅持中華民
　　　　國一向是奧會的會員國，自應保持既有的會
　　　　籍。而一個中國兩個委員會的決定，是奧會的
　　　　決定，而非中華民國的決定。我們所堅守的政
　　　　策是，在國際奧會裡保持我們的會員國資格，
　　　　這不能解釋為對所謂「中國」問題的妥協。

克拉克：外國人士對中美斷交後，貴國國民之愛國情
　　　　緒與團結精神，深受感動。本人獲悉自強救
　　　　國基金一項捐款，已高達三十億臺幣。美匪
　　　　關係正常化有無任何積極意義？

總　統：此項運動之重大意義，不僅出乎意料的是龐
　　　　大捐款數字，而在於踴躍捐輸者為一般國
　　　　民，許許多多感人的故事，正說明此點。例
　　　　如，有位廚子賣出畢生積蓄所購的名錶歐米
　　　　茄，而將得款捐出。花蓮的一位縣議員，捐
　　　　出了包括房地產在內的全部財產，有位老太
　　　　太捐出了她的全部金飾；一位計程車司機捐
　　　　出一月的收入。這許多感人最深的事實，才
　　　　真正顯示了它的意義。

克拉克：美國宣佈與匪建交後，貴國已將去年的選舉
　　　　延期。何故？

總　統：此次選舉之暫停，並非是由於政府不能控制
　　　　情況而不繼續舉行選舉，而是顧慮到當時國
　　　　人內心的激憤可能導致許多紛歧意見。我們
　　　　不願看到一些爭辯和紛歧意見成為影響社會
　　　　穩定的因素。將來選舉仍將舉行。

克拉克：最近貴國正實施多項革新，司法權責重新劃分，
　　　　就是其中一項，這些改革是否將繼續進行？

總　統：除了司法的重劃權責之外，我們還有許多項
　　　　目在進行中。我們的大部分行政結構係沿襲
　　　　中國傳統制度，而非出於新創。但在目前，
　　　　在新的需要及需求下，我們將使司法行政部
　　　　繼續隸屬於行政部門，但將法院移交另一部
　　　　門管轄。

克拉克：美匪宣佈建交已有四個半月，情勢已恢復穩
　　　　定。今天，閣下有無任何觀感或信息——信
　　　　心、決心、樂觀、失望、悲觀——希望公諸於
　　　　世的？

總　統：我們始終是樂觀的。我個人的哲學是愈艱
　　　　苦，愈要奮鬥。只要我們能繼續努力，必能
　　　　克服所有艱阻。在最近一次演講中，個人曾
　　　　強調面對新情勢的三個要點。先求穩定以確
　　　　保生存；再集全力於發展與開拓；最後必能
　　　　勝利與成功。希望閣下轉告美國人民，他們
　　　　真正的朋友在自由中國。個人深信，我們與
　　　　美國人民的友好關係必能繼續，我們必克盡
　　　　所能以不負美國人民的信賴。中國有一句俗
　　　　話，快刀斬不斷密友間的關係。
　　　　我在年輕時有位偉大的業師吳稚暉先生。有
　　　　一次我向他抱怨遭遇的困難時，他告訴我說：
　　　　「如果沒有困難等你解決，要你幹什麼？」

克拉克：你已解決了不少的問題。

總　統：還有許多的問題等著。

克拉克：這也就是閣下老師說的，為問題而努力。我想現在該是告訴我們的讀者關於貴國對中美斷交的看法。個人覺得貴國相當的樂觀。謝謝閣下撥冗接見。

5月4日　星期五

上午

九時三十分，接見日本產經新聞社長鹿內信隆夫婦暨富士電視公司社長淺野賢澄夫婦等。

十一時五十分，抵達岡山空軍官校，巡視教學設施與上課情形。

中午

十二時，與全校官生共進午餐。餐會後並致詞期勉大家要發揚忠勇軍風，保持特有榮譽，努力完成領袖遺志，為自己、為國家，開闢光明前途。

下午

五時二十分，抵達左營海軍官校，聽取簡報，巡視體育訓練與教學設施。隨後與全體師生共進晚餐，餐畢並訓勉全體師生努力建設現代化的海軍，要求快、求準、求穩、求狠，盡一切心力打擊敵人。

5月5日　星期六

晨

六時四十分，到達鳳山中正國防幹部預備學校，巡視學生寢具內務與各項教學設施。

上午

七時十分，與師生共進早餐，餐後向六十八學年班學生講話，期勉學生要認清責任，立定志願，效法領袖精神意志，完成光復大陸使命。

八時卅五分後，分別至中鋼、中船及臺灣機械公司，巡視生產情形，詳詢營業狀況及擴建工程進度，並慰勉工作人員之辛勞。

中午

至陸軍官校巡視，與數千名師生共進午餐。並致詞勉勵學生發揚黃埔精神，以團結、奉獻、犧牲，來救自己的國家。

下午

蒞臨恆春，先後巡視海防部隊墾丁石牛溪班哨及興建中之臺電核能三廠工程。曾特別提示核能三廠應注意安全。

5月6日　星期日

上午

十時四十分，抵達臺中港，聽取陳局長鳴錚有關二期工

程進度簡報後，首先到南防波堤參觀燈臺。接著到第
十一號及到第七號碼頭參觀貨櫃起重機安裝情形，及貨
櫃裝卸作業，並慰問施工人員與碼頭工人。隨後到北防
波堤，瞭解燈臺施工情況與興建漁港計劃，並提示陳局
長研究擴大漁港水域面積之可行性。

中午

召見倉儲公司總經理張平沼與梧棲鎮長周正雄共進午
餐，曾囑周鎮長轉告民眾，政府一直關心大家的生活，
也請支持政府的各項建設。

5月7日　星期一

上午

八時，至陽明山莊主持革命實踐研究院革命實踐訓練班
第一期學員開訓典禮。

下午

四時，見北美事務協調委員會主任委員蔡維屏。

5月8日　星期二

上午

九時，接見美國名專欄作家克拉夫夫婦。

十時，主持軍事會談。

十一時三十分，接見美國大陸航空公司董事長兼總經理
錫克斯夫婦。

下午

四時十五分，見魏鏞。

四時三十分，見北美事務協調會駐美辦事處代表夏功權。

5月9日　星期三

今為中央評議委員張羣先生九一壽辰。

上午

八時十五分，到達張寓，向張羣先生祝壽。

九時，主持中常會。

十一時，在臺北賓館，以中山獎章致贈張羣先生，表彰其對黨國之卓越貢獻。同時舉行茶會，以慶祝其壽辰。

5月10日　星期四

上午

八時二十五分，至臺灣大學參加第十屆全國大專運動會揭幕典禮。並致詞期勉青年朋友鍛鍊身體，擔負起救國救民和復興中華的大任。

九時三十分，見憲兵司令劉馨敵。

十時，見軍方調職人員蔣仲苓等十九人。

5月11日至12日　星期五至六

【無記載】

5 月 13 日　星期日

上午

八時三十分，飛抵宜蘭，先訪問冬山鄉私立慕光盲人重
健中心。然後巡視蘇澳港區，聽取第二期建港工程及港
務營運情形，並深入山區與漁港訪問，到處受到民眾熱
烈的歡迎。

下午

一時十五分，自和平乘北迴鐵道班車於二時二十分抵達
花蓮港與美崙工業區，於三時三十分離去。

5 月 14 日　星期一

【無記載】

5 月 15 日　星期二

上午

九時，在府接見韓國國會議員訪華團朴淑鉉等。

九時三十分，接見尼加拉瓜駐華大使葛西亞（來府
辭行）。

十時，主持財經會談，曾作以下指示：

一、提高國內儲油量。

二、鼓勵國人及僑外投資。

三、積極拓展出口。

四、放寬銀行融資。

五、簡化稅務行政手續。

十一時三十分，見馬防部司令官涂遂。

5月16日　星期三
上午

九時，主持中常會，因目前共匪正對我們推動和談統戰陰謀，特重申：「我們是唯一中國代表者的立場是永不會變的。堅持基本國策，才是我們對敵鬥爭最有力的武器」。會中曾摘錄鄧匪小平向匪黨全會所提之報告原文，提示同志要加強研究敵人，防備敵人，團結內部，加強力量。

下午

四時三十分，見陳履安。

五時三十分，見周菊村。

5月17日　星期四
上午

十時，見軍方調職人員柏隆鑪等十一人。

十一時三十分，見許水德。（旋派其任改制後之高雄市政府秘書長）

下午

四時三十分，見旅美學人陳錫恩教授。

五時，在府接見瓜地馬拉前任總統勞赫儒夫婦暨現任參謀總長甘希諾斯夫婦。

5月18日　星期五
上午

九時三十分，玻利維亞駐華大使巴奇可到府晉見總統呈

遞到任國書。

5 月 19 日　星期六
下午
赴慈湖陪侍先總統蔣公靈。

5 月 20 日　星期日
上午
八時五十分，在陵寢接待室，約見大溪鎮長黃斌璋。
十時許，離慈湖前往大溪，曾先後訪問民戶、農家、蓮座山觀香寺、大溪市區普濟堂等處。在普濟堂訪問時，曾告知廟祝，將以辦公室裡一座純銅關公像捐獻該寺，並定於農曆六月廿四日關公生日派國策顧問魏景蒙專程奉祀入廟。

中午
十二時許，返回臺北。

5 月 21 日　星期一
【無記載】

5 月 22 日　星期二
上午
十時，主持軍事會談。
十一時三十分，見中視董事長李煥。

下午

四時三十分，見周書楷。

五時三十分，見王永樹。

5月23日　星期三

上午

九時，主持中常會，於聽取敵情、僑情及經濟建設報告後，曾就如何處理共匪留學生的問題以及目前我國經濟發展情形與即將研訂另一個長期發展計畫等，分別有所提示。

5月24日　星期四

上午

十一時，在府接見張茲闓。

下午

四時三十分，在府以茶會款待國際扶輪社中華民國總會重要負責人。對彼等一貫服務精神，表示敬佩。並期大家共同為建立一個更進一步的整齊、清潔、安定、繁榮、有秩序、有朝氣的開放社會而努力。

五時，見俞國華。

國際扶輪社參加茶會人員

理事長　　　　　　　毛民初

常務理事　　　　　　周錫鈴　林千種

第三四五地區本屆總監　虞　舜

第三四五地區下屆總監　李傳滄
第三四六地區本屆總監　孫永慶
第三四六地區下屆總監　英子珊
臺北扶輪社社長　　　　李傳良

5月25日　星期五

上午

十時，主持國父紀念月會。由農業發展委員會主任委員
李崇道在會中報告「近年來農業科技的發展與應用」。
十一時三十分，訪袁守謙先生。

下午

四時三十分，以茶會款待國際獅子會中華民國總會主要
召集人。期勉獅子會友，提高國民智能道德，協助政府
發掘和解決社會問題。

國際獅子會參加茶會人員

理事長　　　　　　　　　蔡馨發
執行長　　　　　　　　　李　燊
臺灣省第一支會本屆理事長　江　涵
臺灣省第一支會下屆理事長　林　震
臺灣省第二支會本屆理事長　楊倫祥
臺灣省第二支會下屆理事長　張啟仲
臺灣省第三支會下屆理事長　林財旺
臺北市第一支會下屆理事長　羅永法

5月26日至28日　星期六至一
【無記載】

5月29日　星期二
上午

八時，見軍方調職人員鄭長樂等。

十時，主持財經會談。於聽取當前經濟情勢報告後，曾指示行政院應即擬訂方案，切實執行節約能源；並防止聯合獨佔，影響物價波動。

下午

四時，見軍方調職人員王家吉等。

財經會談指示

一、能源能否充分供應，為我國今後經濟持續成長的關鍵所在。一面應儘量增加採購，提高儲存量；一面應由行政院擬訂具體能源節約方案，切實執行。霓虹燈、廣告燈及路燈的使用應納入管制。

二、外人投資條例、華僑回國投資條例及獎勵投資條例修正草案已送立法院審議中，俟通過後，應貫徹實施，以鼓勵投資的增加，保持經濟的持續成長。

三、今年首四個月對美貿易順差及對日貿易逆差擴大趨勢已有改善，今後應繼續努力，以謀進一步的改善。

四、為防止聯合獨佔影響國內物價波動，應研擬改進辦法。

5 月 30 日　星期三　端午節
上午

蒞臨金門，與軍民共度佳節。曾深入各基層參觀訪問，並與前哨戍守官兵食餐，使前線軍民感到無限的鼓舞。

5 月 31 日　星期四
早晨

在擎天峯與防區軍民代表共進早餐，勉勵大家認識金馬基地的重要，更進一步加強建設，加強戰備，在安定中力求進步，在奮鬥中激勵信念和決心，來完成復國建國的使命。

上午

自金返臺。

下午

四時三十分，以茶會款待國際同濟會中華民國總會主要負責人，期望同濟會友發揮同情心，擴大為社會服務。

國際同濟會參加茶會人員

現任總會長	蘇哲輝
前任總會長	高信德
常務理事	游景發　張忠傑
常務監事	羅本昌
第二分區主席	蔡錦洲
第四分區主席	蕭北陞

6月1日　星期五

上午

十時，見魏鏞。

十時三十分，見關中。

十一時，約見行政院長孫運璿（今為其就職一週年），對行政院全體人員一年來之工作績效與辛勞，表示佩慰。並以案頭之座右銘石——上刻「我心無愧」四字，贈送孫院長，用以相互期勉。

下午

四時三十分，接見紐西蘭籍國際籃協會長克羅斯。

四時四十五分，見高育仁、陳金讓。

五時十五分，見許鳴曦。

6月2日至4日　星期六至一

【無記載】

6月5日　星期二

上午

八時三十分，見軍方調職人員羅吉源等十五人。

十時，主持軍事會談。

下午

四時十五分，接見玻利維亞陸軍總司令阿塞羅中將。

四時三十分，約見國際青年商會中華民國總會主要負責人。對該會各項服務工作，尤其是「我為人人」的抱

負，表示佩慰。期望社會青年大眾，共同創造誠摯純潔
的開放社會。

五時，見軍方調職人員李屏等十人。

國際青年商會參加約見人員

現任會長	劉炳森
前任會長	王明順
副會長	陳武勳　蘇真昌　魏吉助
秘書長	林為義
世界總會財務長	劉國昭

6月6日　星期三

上午

八時三十分，在中央黨部分別約見司法院長戴炎輝、副
院長韓忠謨及監察院長余俊賢。

九時，主持中常會。通過黃少谷、洪壽南繼任司法院院
長、副院長等人事案。

常會後，見中央黨部幹部同志。

中常會通過人事調整案

一、高雄市委員會改制後主任委員一職，調組織工作會
　　副主任郭哲充任，所遺組織工作會副主任職，調臺
　　灣省委員會副主任委員吳思珩接任；臺灣省委員會
　　副主任委員職，由謝又華接任。

二、社會工作會主任許水德已另有任用，所遺主任職，
　　由組織工作會副主任蕭天讚接任；所遺組織工作會

副主任職，由陳金讓接任。

三、秘書處主任高育仁另有任用，所遺主任職，由陳時
英接任。

四、黨史委員會副主任委員梁興義申請退休，所遺副主
任委員職，由專任委員陳敬之接任。

五、黨史委員會為因應工作需要，增加副主任委員一
人，由李雲漢充任。

六、海外工作會副主任劉介宙已另有任用，所遺副主任
職，由莊懷義接任。

七、海外工作會副主任江炳倫因回任政治大學教職請
辭，所遺副主任職，由許鳴曦接任。

6月7日　星期四

下午

三時，主持中央工作會議。

6月8日至9日　星期五至六

【無記載】

6月10日　星期日

中午

以長途電話詢問臺南市長蘇南成，關於臺南地區豪雨，
造成自來水斷水詳情。

6月11日　星期一

【無記載】

6 月 12 日　星期二

上午

九時三十分，見戴東雄。

十時，主持財經會談，曾作多項重要指示：

（一）續求物價穩定；

（二）今年經濟成長率仍以8.5%為目標；

（三）維持米價於合理水準之上；

（四）改善農民生活，維護農民利益；

（五）農民住屋謀進一步之改善；

（六）繼續對民營事業予以貸款；

（七）節約能源應訂定具體可行辦法。

6 月 13 日　星期三

上午

八時三十分，見香港時報新舊任負責人李秋生、毛樹清。

九時，主持中常會。

6 月 14 日　星期四

今日以「祝福青年們鵬程萬里」為題，勉勵全國大專畢業生發揮青年可貴品質，振奮人心，帶動進步。

今日明令特任黃少谷、洪壽南為司法院院長、副院長。

下午

四時十五分，接見韓國朴大統領之法律及安全特別助理申植秀。

五時，接見薩爾瓦多共和國羅美洛總統夫人，並以茶點款待之。

五時三十分，見吳大猷。

祝福青年們鵬程萬里

全國各大專學校應屆畢業同學們：

從六月上旬以來，全國各大專學校都在分別舉行畢業典禮。各位同學畢業之後，無論是服務社會，或是繼續深造，都將是美好人生更進一步的開始。可以說，在大家奮勇邁進的旅程上，畢業典禮正象徵一個最重要的轉轍時刻。最近幾天，我連續收到好幾所大專學校邀請參加畢業典禮的信件，對於同學們這種可喜的聚會，我是十分樂意前來參加的，只是最近公務太忙，不能一一應邀，特地藉書面表示祝福，以贈言代替賀禮，來祝賀你們今後進德修業都將有更高的成就，對於國家社會也必有豐盛的貢獻。

我所要贈給你們的，簡單的說，就只有一句話，便是希望你們善用自己的智慧，以發揮青年最可貴的品質。在這些品質中，我認為尤其重要的，是愛國心、公德心、進取心與自信心。

儘管正常的人都會具備這些品質，然而一般沒有經過世俗污染的知識青年，由於既有理想又有理性，自然更能保持這些品質的純淨無瑕，也就更能使它們充分發揮光澤。

古人說：「國家興亡，匹夫有責。」是因為國家的興亡直接關係到個人的生死榮辱。所謂「皮之不存，毛

將安傳？」以及覆巢之下必無完卵一類的典故，更都是每一位青年耳熟能詳的。除非我們不關懷自己的生死榮辱，否則又怎能不以愛國的實際行動來表示對國家興亡的負責？

我們都知道，人類愈進化，人與社會的依存關係就愈加密切，社會的整體利益也就自然包含了我們每個人的個體利益。我們既可以分享到社會的利益，就有義務來維護社會的利益，乃至進一步謀求增進社會的利益。履行這種義務的心念就是一般所謂的公德心。知識青年是社會的中堅，尤其要率先盡到這種義務。具體的說，為了維護社會的利益，如遵守公共秩序、節約消費能源等等，就須要大家消極的自我節制；為了增進社會的利益，如提高生產品質、加強服務績效等等，就須要大家積極的自我奉獻。而這種自我節制與自我奉獻，對於各位來說，就正是公德心的充分發揮。

我們今天所面對的是一個加速進步的世界，也是一個充滿逆流的世界。就整個國家說，我們必須時時刻刻精進不懈，才可以突破困境，掌握機勢，開創命運。就個人而論。尤其是就知識青年而論，就更要不斷努力追求新知，迎接挑戰，爭取突破，以及結合全國青年的廣大力量，共同帶動國家全面的進步。古人說：「學然後知不足。」又說：「學如逆水行舟，不進則退。」惟其因為各位已經完成了一系列的求學過程，才會切實體認學海的無涯和自身的不足、以及不進則退的道理。也才更能主動奮發，自強不息，展現出高度的進取心。

從來成大功立大業的人，沒有不是靠著自信心貫徹

實現的。自信心更是自立自強的根本。有了充分的自信
心，自然不怕任何危險，而可以克服一切困難。愚公憑
恃自信心，雖高山也不怕移不開；哥倫布憑恃自信心，
雖大洋也不怕通不過。各位知識青年的自信心更是實現
你們最高理想的保證。就這一點而論，我對於你們的自
信心的發揮，也正有著高度的信心。

此外，我覺得我們青年都還要具有正義感、責任感
與幽默感。

正義感所表現的是明是非、別善惡，不為利誘，不
為勢劫，擇善固執，義無反顧。

責任感所表現的是不畏難，不憚煩，任勞任怨，勇
於擔當，務求使命的達成。

幽默感所表現的是遇繁劇而不緊張，處逆境而不頹
喪，隨時保持身心的平衡與興趣的盎然。

這正義感、責任感與幽默感我也同樣預見必可以在
你們大家的身上充分的展現出來。

除此以外，我還想加贈你們一句話，就是「與其詛
咒四週黑暗，何不燃亮一枝蠟燭！」無可否認，今天我
們的國家社會還有許多使大家覺得遺憾的不良現象，我
們的政府也必然存在著一些令人失望的缺點。儘管我
們瞭解這些不良現象是在任何國家社會中都免不了的，
這些缺點也是在任何政府中都會出現的。儘管我們也瞭
解我國今天正是時值非常，處境艱危，有些更自由放任
的措施在目前的局勢下的確無法完全實現。但是這些都
不足以辯解我們在某些方面的確還有著人謀不臧或努力
不夠的地方。對於這些缺失，我們絕不諱言，且更希望

大家多加批評。不過我覺得作為有理想有理性的知識青年，光是批評還不夠，也要提出具體可行的改進辦法，並積極尋求實地參與公眾事務，以便以行動致力改進。總之，國家是大家的國家，政府是大家的政府，國家與政府有了缺失，大家也都有一分責任。如何群策群力，團結合作，共謀改革缺失，達致理想，才是今日知識青年最神聖的使命。

最後，我願意重申我的希望，願各位善用自己的智慧，以發揮青年最可貴的品質，凝合成一枝光輝燦爛的火炬，以它的光和熱，振奮人心士氣，帶動國家社會的進步，早日完成復國建國大業。順祝各位健康愉快，事業成功！

6月15日　星期五

上午

十時，啟程赴高雄。

6月16日　星期六

上午

八時四十分，蒞臨中正國防幹部預備學校，聽取周少將簡報並巡視校區。

十時，在陸軍軍官學校檢閱學生隊伍。隨後主持陸軍官校五十五週年校慶暨中正國防幹部預備學校三週年校慶典禮。並致詞勉勵大家發揚黃埔精神，團結全國力量，完成先總統蔣公「再北伐、再統一」的遺訓。

中午

與黃埔師生以及來賓會餐，並致詞指出領袖的思想和精神，給予我們更多的力量、更大的信念、更堅定的決心。期望大家做繼志承烈的革命生力軍，來完成復國建國的革命任務。

陸軍官校五十五週年校慶
暨中正國防幹部預備學校三週年校慶典禮致詞

今天是陸軍軍官學校成立五十五週年的紀念日，也就是我們國民革命軍的光輝節日，我們領袖──先總統蔣公奉國父之命，創立黃埔軍校，五十五年來，我們國民革命軍陸海空軍將士，就始終在國父和領袖所啟示的黃埔精神感召之下，發揚三軍一心、如手如足的精誠大義，以血肉生命和智慧能力，貢獻於建軍建國民族復興的偉大事業。

在黃埔軍校成立之初，國父剴切的指出，「開設這個軍官學校，把革命事業重新創造」；到了第二年，領袖向全校師生講話，講到國父「對軍校最深切的教訓」時，特別告訴大家，國父蒞臨軍校，曾經說過，「我看見黃埔這個學校的精神，一定能繼續我的革命事業，一定可以繼承我的未竟之志，能夠奮鬥下去。」

領袖感於國父對黃埔軍校深切的教訓和期許，所以提示黃埔師生，「毋忘我總理犧牲一切完成革命之明教，期達我教育親愛精誠意志一致之方針，務成爾欲立立人、欲達達人求學之本志」，一齊發揚黃埔的一貫精神──犧牲的精神、團結的精神、負責的精神，來貫徹

國民革命的全程。

今天我們大家回顧國父和領袖以及先烈先進革命奮鬥的艱難，面對當前的國難、世變和匪亂，展望民族國家未來的前途，深深覺得國民革命是一個艱難的歷程，也正是我們人人參與的歷程，我們同學、同志、同胞基於三民主義，堅持為民主政治、自由經濟、開放社會而奮鬥，人人都是一個關繫歷史舉足輕重的角色。

因此，我們每一個人對於國家民族，一切觀念，精神和作為，都要有：

——清清白白的辨別，亦即是事事要基於理性；

——正正當當的行為，亦即是事事要基於道德；

——切切實實的體認，亦即是事事要基於良知血性，愛國熱誠。

於是我們才可以造成不可屈的意志，不可犯的尊嚴、不可侮的人格，而人人犧牲奉獻，精誠團結，勇敢負責，來報效國家，造福社會。

今天在紀念黃埔軍校成立五十五週年的時候，正逢中正國防幹部預備學校成立三週年。中正國防幹部預備學校成立以來，各方面都有長足的進步，正如古人所謂：「三年有成」，深望在既有的基礎上，使軍事教育百尺竿頭更進一步。

現在我們重申信念和決心，我們要再進一步發揚黃埔精神，貫徹國父和領袖的革命遺志，讓復國建國、再北伐再統一的大業，在我們海內外軍民同跑的手裡，掀天揭地的開展，轟轟烈烈的完成。

6月17日至18日　星期日至一

【無記載】

6月19日　星期二

上午

十時，主持軍事會談。

6月20日　星期三

八時，在中央黨部接見韓國民主共和黨事務總長申泂植。

九時，主持中常會，通過沈昌煥等人事任命案。

常會後，見日本產經新聞駐臺記者林慧兒。

今日明令特派沈昌煥為動員戡亂時期國家安全會議秘書長。

總統令　六十八年六月二十日

　　動員戡亂時期國家安全會議秘書長黃少谷另有任用，應予免職。

　　特派沈昌煥為動員戡亂時期國家安全會議秘書長。

中常會通過人事案

國家安全會議秘書長　沈昌煥

臺灣省政府民政廳長　高育仁

臺灣省政府教育廳長　施金池

臺灣省政府委員　　　張賢東　余學海　趙守博

6 月 21 日 星期四

上午

十時，在府見軍方調職人員剛葆璞等二十四人。

6 月 22 日 星期五

上午

九時三十分，接見日本國會眾議員大野明。（自民黨故
副總裁大野伴睦之子）

十時，主持一般會談。

6 月 23 日 星期六

上午

九時三十分，飛抵花蓮，即驅車南下，經壽豐鄉池南
村，訪問退役軍人楊止勇。然後至清昌山區巡視榮民礦
業開發處之白雲石礦場，慰問正在作業之榮民。

中午

在礦場與礦工共進午餐。

午後

特至西林村訪問山胞部落。並進入深山，先後巡視龍
潤、清水兩發電廠，慰問其員工。總統目覩工程之艱
鉅，曾感慨的表示：在都市享受冷氣者，是否知道電力
工程人員在深山工作之辛苦。在返回花蓮途中，曾至壽
豐鄉豐裡村巡視無子西瓜專業區。離花蓮前至阿美文化
村，參觀歌舞表演，受到遊客們熱烈歡迎。

據中央社東京二十三日專電，日本產經新聞，今天刊出
該報駐臺北特派員林慧兒訪問總統之全文。

答覆產經新聞社駐臺北支局長林慧兒所提問題

問：在對於中華民國具有重大影響的美中（共）關係正
　　常化情勢中，臺灣內外兩面所面臨的最大課題是什
　　麼？又閣下對於這些課題將以何種計畫去克服？

答：美國於去年十二月十六日接受中共片面要求進行所
　　謂「關係正常化」，完全是一種自毀長城的行為，
　　美國的盟邦，尤其是亞洲自由國家對美國的信心，
　　因而大受打擊。我中華民國面對此一衝擊，所面臨
　　的最大課題，對內是如何使此項衝擊形成的危害減
　　低到最低程度，並繼續本獨立自強的精神，積極發
　　展國家各項重大建設，同時更重要的是要加強和大
　　陸億萬同胞密切的精神和組織上的關係，對外則是
　　如何加強和自由世界國家以各種方式的密切合作，
　　相互促進雙邊及多邊實質關係，以維護共同的安
　　定與繁榮。由於我們舉國一致的沉著堅定，莊敬自
　　強，我們已逐步克服種種困難，今後當繼續本此既
　　定的原則和方針，創造光明的將來。

問：閣下認為美中（共）正常化對臺灣之將來有何影
　　響？並將如何因應？

答：美國和中共的「關係正常化」，對我中華民國所產
　　生的影響，是在客觀形勢上帶來多方面的壓力。但
　　是這些壓力並沒有使得我們沮喪退縮，反而讓我們
　　更認清自己在世界爭自由爭民主的反共運動中所負

的重任，而更激勵奮發。

問：閣下對於美國對臺灣安全之「防禦承諾」有何看
法？美國政府與議會能否信賴？防衛承諾有無名存
實亡之虞？

答：美國已經宣佈將在今年年底終止與我國所訂之協
防條約，但是在美國國會最近所通過及由卡特總統
所簽署的「臺灣關係法案」中，美國對於臺灣的安
全表示了嚴重的關切。實則，中美兩國長期利害一
致，「合則兩利，分則兩害」，美國政府果能注意
及此，當不會再做出令友邦不信賴的行為。至於我
們自身，當將繼續加強國防的建設。

問：閣下認為今後與美國要維持如何之關係？關於這一
點，對美臺關係法有何評價？

答：我們仍然認為美國為自由世界之領導力量，而且願
意促進中美之間各方面之友好合作，對於「臺灣關
係法案」中所表達的美國友誼我們當然珍惜，但是
此一法案的實際價值與成敗，端視美國政府是否充
分誠意作建設性地執行而定。

問：閣下對於美國現供應的防衛武器認為充分嗎？貴國所
最需要的武器是什麼？貴國今後在防衛上必要武器的
取得，將來是否有困難？如然，將自何處取得？

答：美國目前所售給我國的武器，尚不敷我們的需要。
我們的目標是在促進西太平洋的安全與穩定，相信
美國的目標亦然，目前我們所希望獲得的武器，是
能有效確保臺灣海峽制空與制海權，從而維持臺、
澎、金、馬海空航道暢通，以確保自由世界整個的

利益。這些武器包括高性能防衛武器，例如高性能
的飛機及精密導向飛彈等。這些除了向國外採購之
外，我們基於自立自強原則，也在發展自己的國防
科技和工業。

問：閣下是否預見將來大陸中國有攻擊臺灣的可能？如
有，那將在那一情況、時期呢？

答：中華民國的存在，是中共的絕大威脅，所以中共無
時無刻不在想以各種方式來消滅中華民國，包括軍
事進攻在內，其時間自在其認為有能力時進行，然
據最近中共進攻越南的情形來看，證明中共往往出
於錯誤的估計，使其軍事冒險配合外交投機之可能
性較以前大為提高，我們應該密切注意。

問：臺灣能戰勝由大陸來的攻擊嗎？

答：戰敗敵人，不止是靠有形的武器，也同時要靠同
仇敵愾、奮發圖強的精神和士氣。中共倘冒險進犯
臺、澎、金、馬，我們自有充分信心予以擊退。而
根據報導，過去半年來大陸上人心思漢的抗暴情形
已表露無遺，倘如中共敢於冒險進犯臺澎金馬，我
相信大陸上的反共勢力必將同仇敵愾，乘機而起，
和我們共同摧毀共黨政權。

問：大陸中國目前正接受日本與歐美對其近代化計畫之
援助，尤其是美國對於西歐諸國給予北平的武器援
助表示諒解，同時美國本身亦正在從事相當於武器
輸出的科學技術協助，在此種情況下，大陸中國由
於現代化，軍事力量有急速發展之可能性，中華民
國對這種情勢是否感到不安？又，有何對策？

答：美國、西歐諸國或者任何其他自由國家如以武器
　　援助中共或以技術協助其發展武器，將為最不智的
　　行為，而且是後患無窮，因為姑息邪惡已是重大錯
　　誤，助紂為虐更是匪夷所思了。如果中共獲得現代
　　化裝備，對西太平洋的威脅將立即增加，何況自由
　　世界更應認清不能排除中共與蘇聯進行某種程度和
　　解的可能，我們對於這種情勢，自將採取積極性的
　　對策。

問：大陸中國目前有致力於國共合作的態勢，鑒於過去
　　二度國共合作的經驗及西藏問題等所顯示的中共做
　　法，與大陸中國的和談，閣下有何看法？又對於和
　　平統一的可能性，看法如何？閣下迄今一再強調絕
　　對不與中共交涉，其理由安在？又，中共所謂的國
　　共合作，企圖為何？

答：中共的所謂合作態勢或和平統一宣傳，目的在欺騙
　　自由世界，企圖削弱他們對我中華民國的支持，同
　　時也在企圖鬆懈我們的民心士氣，為他將來的軍事
　　侵犯鋪路。這種做法為中共的一貫伎倆，我們認識
　　得非常清楚，歷史的教訓可以為證。總之，中共所
　　謂「國共合作」，就是要以「國共合作」，來達到
　　其消滅國民黨的陰謀，所以我們一再強調絕對不和
　　中共進行任何交涉。

問：中華民國與大陸中國的關係，雖無法做全面性的解
　　決，但是否考慮在郵政上或親屬間的往來？特別是
　　在國際運動比賽及國際會議場上同時參加呢？是否
　　更進一步考慮在經濟、貿易上的互相交流？

答：中共聲稱要和我們往來，都是一種統戰手法，其用
心無非是要在國際上造成一種和平的假象，企圖瓦
解我國之民心士氣，我們十分瞭解其陰謀。

問：閣下認為大陸中國的華國鋒、鄧小平政權安定否？

答：中共是一個鬥爭為本質的暴力集團，所以不管由
誰來統屬，其政權是不可能安定的；中共過去三十
年來一直到今天，都沒有安定過，它永遠也不能安
定；誰也看得出來。如今的華國鋒和鄧小平，其利
益相互衝突，明爭暗鬥情形更甚，所以其政權無時
不處在危殆之中，何況從最近中（共）越戰爭顯
示，共軍頭目較前更為跋扈，而軍人參加奪權鬥爭
更是意料中事。

問：對於其現代化計畫的過程，有何看法？

答：中共明知無法達成現代化，只以此一口號愚弄工業
國家，誤信中共在進行現代化之後，中國大陸可以變
成廣大的消費市場。事實上，在澈底放棄共產思想
和制度之前，政治即無法現代化，自更無法談到經
濟上的現代化。目前中共大量取消與各國所訂的合
約，無法支付與各國的交易，因而不得不調整其經濟
計畫，且其資源缺乏，無法應付高漲的民眾期望。
顯而易見，一個共產政權，其本質的「共產主義
化」，與「現代化」是根本矛盾而不能並存的。

問：隨著現代化的計畫，今後大陸中國要求民主化之行
動，必然加強，面對著人民如此之要求，大陸中國
的共產主義體制，將會受到如何之影響？

答：因為中共揚言要實行四個現代化，大陸人民已要求

實行第五個現代化——即給予平等、自由、民主的
人權。面對著人民這種要求，中共用殘酷手段予以
鎮壓，但出於人性的要求是壓不住的，另一方面，
大陸人民在經濟生活上的需求亦空前高漲，此將刺
激對民主、自由、人權方面的需求。

問：大陸中國的領導階級，尤其鄧小平已屆高齡，對於
今後大陸中國之政治情勢，閣下的看法如何？

答：中共一向是個極權政權，權力結構一向是放在鬥爭
之上的，所以基本上從未穩定，這一情形，可從大
陸的「四人幫」奪權鬥爭，直至鄧小平的三落三起
中清晰地看出來。鄧小平目前借助於軍頭壓制華國
鋒，勉強維持一個表面的局面，但仍存在一股洶湧
的暗流。將來鄧小平一旦死亡，權力結構必然發生
劇變，支持鄧小平的軍頭，很可能像林彪一樣地起
來奪權，華國鋒與四人幫的殘餘勢力也不是沒有反
撲的力量，還有鄧小平的匪幹系統也不甘放棄既得
的權力，在互相爭權的情形下，中共權力結構自然
會日趨崩潰，而仍然不會受到人民的支持。

問：閣下對於臺灣今後之國際地位，看法如何？從臺灣
所具蓬勃的經濟活力而言，就亞洲地理政治學觀點
來看，令人覺得臺灣的重要性，愈形增高，閣下對
臺灣在亞洲所負任務的展望如何？

答：我同意你的看法，即從亞洲的地理政治學觀點來看，
臺灣的重要性在今日國際情勢下，已愈形增高。
事實上，除此而外，中華民國的存在，還為佔世界
人口四分之一的中國人，不論是在中國大陸上被奴

役的或是生活在國內外自由土地上的，提供了中國
未來的希望，有助於將來世界安全與和平的促進。
今天，我們所從事的反共復國大業，也是世界爭自
由、反奴役運動的一股主流。因此我們對自己所屬
的國際關鍵地位估價甚高，而會更加激奮努力。

問：閣下對於再三被提及臺灣是否會與蘇俄建立新關係
之推測，能否明確地表示貴國的態度？因為這問題
對於包括日本在內的亞洲，甚至美中（共）蘇的關
係具有相當大的影響。

答：中華民國堅守民主陣容，絕不和任何共產政權來
往或妥協，因為深知只有堅決反對共產主義，才有
消滅共產主義的可能。以現實的情勢而言，倘如中
華民國和蘇俄建立所謂新關係，則非但自毀反共努
力，而且為包括日本在內的亞洲，立刻帶來安全上
的威脅。

問：若使蘇俄對貴國提供軍經援助或要求貴國提供軍事
基地時，貴國將如何對應？

答：我們既已聲明不和蘇俄往來，自不可能產生這種
情況。

問：中（共）蘇同盟條約已決定不延長。因此，閣下預
料中（共）蘇關係，今後將會如何發展？中（共）
蘇接近之可能性及其限度如何？慮及貴國今後的諸
般情勢，對獨自開發核子力量的可能性看法如何？

答：中共和蘇俄都在尋求霸權的建立和擴張，而這兩
個共產政權一貫是既鬥爭又聯合。它們在消滅自由
世界之前，仍然是有鬥有和的。至於我們的發展核

能，完全是用於和平用途，以改善人民生活，決不
用於發展核子武器來殘害自己的同胞。

問：對存在於北京政府及美國政府內部之「美日中
（共）反蘇同盟」之想法，有何看法？其對臺灣的
影響又如何？

答：我不知道美國及貴國政府內部是否確有此種「反蘇
同盟」的想法，假使有的話，那將是很短視的和很
危險的。在本質上，中共與蘇俄都反對自由世界，
且都追求世界的霸權，中共其所以聯合美日兩國，
無非是為了藉此以制衡蘇俄，以建立自己的霸權，
故任何「聯匪制俄」的構想皆是不切實際的。何況
事實上，中共本身貧窮落後，根本沒有可用的實
力，所以不論誰和它搭上關係，只是使自己背上一
個沉重的包袱。中蘇兩共分合無常，最近即有中蘇
兩共關係趨於緩和的跡象，值得自由世界警惕。因
此，所謂「聯匪制俄」的構想，不但對臺澎金馬的
安全會有不利影響，甚至於對亞洲及自由世界亦均
不利，美日皆將得不償失。

問：截至目前，臺灣與沙烏地阿拉伯同為反共國家，保
持著親密的關係，但伊朗革命之後，在激盪之中東
情勢中，致沙烏地阿拉伯有「離開美國」之虞，這
將對貴國與沙烏地阿拉伯之關係有何影響？

答：中華民國和沙烏地阿拉伯王國都是獨立自主的國家，
我們兩國之間的誠摯友好合作關係和其他國家無關。

問：未來亞洲的安全與和平應如何維持？如此，臺灣將
負何種任務？請問閣下之看法？

答：未來亞洲之安全與和平，端賴亞洲自由國家建立一
　　個共同的體系，來抵抗共產主義的擴張，才能永久
　　維持。中華民國堅決反共，並具有長久反共鬥爭經
　　驗，為了維護亞洲的安全與和平，中華民國深願提
　　供反共經驗與力量，和亞洲自由國家合作，進行此
　　一努力。

問：對越南、東埔寨的紛爭，中（共）越紛爭等亞洲共
　　產國家間的紛爭，作如何分析？

答：這些包括蘇俄在內的亞洲共產政權之間的紛爭，都
　　是它們各自想建立及擴張霸權的結果。這些紛爭的
　　事實，已明白地告訴了世界人士，即使在共產國際
　　間已互鬥不已，何況蘇俄及其同路人為達成其「世
　　界革命」之目標，其對自由世界的鬥爭更將有增無
　　減，由這些互鬥不已的事實，更充分證明共產主義
　　就是戰爭的根源。

問：對蘇俄急速進出亞洲，特別是蘇俄海空軍事的增
　　強，峴港、金蘭灣等越南基地化等之新現象，作如
　　何分析？在地理政治學言之，對包括貴國、日本等
　　之海運路線的影響甚大，應如何對應？

答：蘇俄在亞洲增強武力及使用越南基地，使中共與
　　蘇俄在南太平洋地區緊張情勢昇高，此係「聯匪制
　　俄」政策之連鎖反應，其結果非但將危害到西太平
　　洋地區的海運路線，還將危害到亞洲國家的安全和
　　生存，所以基本上「聯匪制俄」的做法值得檢討。
　　今天中華民國正處於此一海運路線上的要衝，因此
　　我們希望獲得充足的武器以防衛這一地區的安全。

問：將來假如在臺灣海峽，蘇俄與中共發生軍事衝突時，貴國將採取何種態度？

答：臺灣海峽在中華民國海空軍保衛之下，一向甚為安定，假如蘇俄與中共在此一區域發生軍事衝突，對中華民國的安全自將構成嚴重的威脅，且將阻斷此遠東重要海運航線，對日本及整個自由世界均將極為不利。我們希望美國、日本以及亞太地區的所有自由國家應該未雨綢繆，積極加強東北亞地區的防衛力量，以防止此種情勢發生。

問：對貴國與東南亞公約國協，今後的關係，特別是被認為重要之經濟與華僑問題看法如何？

答：中華民國深願與東南亞公約國協加強經濟關係和貿易的往來，而且在事實上，近幾年來已有實質的進展。對於居住在東南亞公約國協各國的華僑或華裔，我希望他們都能與當地政府密切合作，促進社會安寧，並且希望各國政府妥善照顧當地華僑，以免共產主義滲透，造成社會不安的局面。

問：朝鮮半島必須以何種方法解決，其可能性如何？對兩個韓國的和平統一，看法如何？

答：我希望韓國的統一，要以反共為基礎，並盼望大韓民國對共產黨不能有任何鬆懈或容忍，因為一旦放鬆，大韓民國今日辛勤建立起來的自由民主和經濟繁榮，就將遭到不幸後果。

問：美臺關係在美中（共）正常化後仍維持著高水準關係，對今後日華關係應如何發展，看法如何？又，對日本國民有何期望？請賜教。

答：美國和中華民國目前的關係，已確切的證明了中美
　　之間有保持實質上的關係的相互需要與共同利益。
　　中日之間雖無邦交，但相互關係日形重要。中華民
　　國希望增進和日本間的一切關係，盼望貴報傳達我
　　的此一意願。

問：臺灣的經濟活力儘管雄厚，惟對日貿易仍有極大的
　　逆差，閣下在對日經濟關係上對日本有何期望？

答：國際貿易的平衡問題，已為世界各國所重視。目前
　　美日貿易亦與中日貿易產生同樣情況，本人希望日
　　本商界能本互惠之原則，儘量採購我國產品，以促
　　進中日兩國雙邊貿易的平衡，以增進彼此間相互的
　　長期經濟利益。

6月24日　星期日

今日續在花蓮訪問，首先巡視花蓮榮譽國民之家與大陳
義胞新村新建國民住宅，對榮民宿舍與義胞住宅之改
善，深表欣慰。隨後並至陸軍駐花部隊、陸軍八○五總
醫院等處巡視。於上午十一時許乘專機返回臺北。

6月25日　星期一

【無記載】

6月26日　星期二

上午

九時三十分，見王紀五。

十時，主持財經會談。並指示對國際油價之影響應採因

應措施，放寬對中小企業之融資，繼續鼓勵儲蓄，並協助青年就業等事項。

十一時，接見美商國際電話電報公司總裁韓謀頓等。

財經會報指示

一、五月分物價情形雖已漸趨穩定，今後仍應以穩定物價為重點。至於對中小企業的融資，亦應酌予放寬。

二、國際油價繼續上漲，必然將影響國內物價的波動，應採取妥善措施，使對國內物價的影響減低至最小程度。

三、自五月十六日銀行調整存款利率後，儲蓄性存款已恢復增加，今後仍應繼續鼓勵儲蓄。

四、對青年就業問題，行政院應切實注意研究，並設法協助其就業，使青年能對國家社會多有所貢獻。

6月27日　星期三
上午

九時，主持中常會。核定丁懋時使韓、楊西崑使南非以及范魁書為司法院秘書長等人事案。

6月28日　星期四
【無記載】

6月29日　星期五
上午

十時，在府主持國父紀念月會。新任司法院院長黃少

谷、副院長洪壽南、秘書長范魁書、安全會議秘書長沈
昌煥、駐韓大使丁懋時及高雄市長王玉雲等在會中宣
誓，由總統監誓致勉。

6月30日　星期六
上午

十時，見俞國華、蔣碩傑。

7月1日　星期日
上午

至市立殯儀館弔祭前榮民總醫院院長盧致德之喪。

臺灣省高雄市今改制升格為院轄市。

7月2日　星期一
上午

八時,至陽明山莊主持革命實踐講習班開訓禮。

7月3日　星期二
上午

十時,主持軍事會談。

下午

五時,接見南非共和國內政暨司法部長施雷普夫婦等。

五時三十分,見丁治磐先生。

六時,見丁次長懋時。

7月4日　星期三
上午

九時,主持中常會。

7月5日　星期四
上午

十時起,見軍方調職人員孟憲庭等八人。

十一時，見徐賢修。

十一時二十分，見范魁書。

十一時四十分，見梅可望。

下午

三時，巡視中山科學研究院。

7月6日　星期五

下午

五時四十五分，至臺大醫院探視住院之地質學家馬廷英博士，囑其安心療養，國家會好好照應。

7月7日　星期六

上午

九時四十分，抵達雲林縣山區草嶺，勘察清水溪水庫之預定壩址，並聽取水利局長陳文祥之簡報。隨後指示臺省府主席林洋港，如果技術上無問題，即可動工興建。

下午

轉往南投縣竹山鎮及鹿谷鄉，繼續巡視地方建設，了解民眾生活情形。

7月8日　星期日

上午

八時三十分，至溪頭青年活動中心訪問，與參加暑期活動的青年及遊客們親切交談。隨後至先總統蔣公銅像前

行禮致敬。

十時五十分，蒞臨南投縣國姓鄉，視察國姓水庫預定壩址，指示省府主席林洋港規劃辦理。

十一時卅五分，至護國宮參觀，然後轉往北山村大眾食堂午餐。

7月9日　星期一
【無記載】

7月10日　星期二
上午

九時，在府見谷正綱。

九時三十分，見余紀忠。

十時，主持財經會談，指示行政院應續求經濟穩定發展，提前辦理十二項建設、提高若干產品品質、輔導畢業生從速就業，以及解決交通瓶頸等事項。

十一時三十分，見薛毓麒。

7月11日　星期三
上午

九時，主持中常會。

常會後，見陳時英（新任中委會秘書處主任）等。

下午

四時許，至光復南路春之藝廊，參觀洪瑞麟以礦工生活為題材之油畫展。

四時三十分，接見沙烏地阿拉伯內政部長納衣夫親王
等，並授贈納衣夫親王特種大綬景星勳章。隨後即就當
前世局及更進一步促進中沙兩國之友誼合作，共同交換
意見。

五時，見胡旭光。

八時三十分，電話省府主席林洋港，詢問糧食局長黃鏡
峯車禍受傷情況，並請代為轉達慰問之意。

7 月 12 日　星期四

上午

九時三十分，集體約見軍方調職人員李憲慶等九人。

下午

四時，在高雄圓山飯店以茶會款待（今年）第一次國
家建設研究會全體出席人員及眷屬。並致詞期勉學者專家
為復國建國大業，貢獻智慧能力，一齊努力，一齊成功。

六時三十五分，抵達興達港，巡視火力發電廠之興建工
程，並慰問工作人員。

7 月 13 日　星期五

今晨

在高雄圓山飯店約高雄市長王玉雲共進早餐，詢問改制
後市政推動情形，並指示今後應加強照顧青少年及辦好
社會福利工作。

上午

十時四十分，至榮總四十五病房探望因公受傷（車禍）
之臺省糧食局長黃鏡峯，慰問辛勞並囑其安心休養。

下午

四時，在府約見中國青年黨主席李璜與陳啟天以及幹事
長王師曾，晤談甚歡。

7 月 14 日　星期六

上午

十一時二十分，在總統府聽取臺北市長李登輝報告撫遠
街嘩星實業公司化學品爆炸案之災情，及所採取之緊急
救助措施。並指示李市長要妥善處理善後，並對救人罹
難之李金雄從優撫卹。

7 月 15 日　星期日

上午

十時許，親至撫遠街爆炸現場，慰問災民，囑李市長妥
為照顧罹難家屬。並特別前往因救人而罹難之李金雄家
中唁慰其遺屬，飭從優撫卹。

十一時許，抵達翡翠谷，實地察看水庫壩址。指示臺北
市政府應妥善規劃，使作多目標利用，對集水區濫墾問
題尤應預為防止，以免水庫之功能因而減低。

7 月 16 日　星期一

【無記載】

7月17日　星期二
上午

十時，主持軍事會談。

下午

四時三十分，見丘宏達、高英茂、熊玠、翟文伯。

7月18日　星期三
上午

九時，主持中常會。

下午

五時三十分，抵石牌訪問振興復健中心。

今日報載中央社臺北十七日電，總統於答復美記者華萊士所提之書面問題中表示，我為理想所作奮鬥，最後必能獲致勝利。

「美國新聞與世界報導」
東京分社主任華萊士書面問答

一、中美外交關係中止後，中華民國的展望有無改變？

答：一時的挫折，決不會動搖我們的奮鬥意志。長期
　　以來，中華民國與美國在軍事、經濟、政治各方
　　面，建立了極為密切的合作關係，以維護中美兩國
　　的共同利益。但去年十二月中旬美國突然宣佈與匪
　　建交、背信毀約。這種情勢，對我國政府和人民來
　　說，毋寧是一次嚴屬的挑戰。從今以後，我全國同

胞，必能更加團結奮發。我們確信，我們所服膺的
民主自由的理念以及共產主義不適於中國的基本認
識，都是經過歷史和現實證明為不可搖撼的真理，
因此，我們為這些理想所作的奮鬥，最後必能獲致
勝利。

二、貴國是否感覺到中國大陸對臺灣有立即侵犯的威脅？

答：這個可能性是存在的。同時目前中共在內外交的情
　　勢下，必將不擇手段，在海外散播和謠，並向臺灣
　　進行滲透顛覆的活動，而鄧匪小平最近在華府一再
　　公開表示不放棄以武力犯臺，其野心已昭然若揭。

三、未來幾年之內，中國大陸的軍力比現在更強時，對
　　東亞的戰略均勢將會有何影響？其進攻臺灣的可能
　　性，是否會增加？

答：本人必須鄭重指出，鄰近臺灣的海洋，是當前國際
　　上最繁忙的空中和海上航道之一，唯有一個自由的
　　中華民國，才能保持這條介於東南亞暨日本之間航
　　道的自由航行。臺灣的戰略重要性並未因美國與中
　　共建交而有所改變。
　　中華民國與美國有很多平行利益，包括戰略目標在
　　內。如果美國認清此一事實，才不致昧於一時的現
　　實需要，而為國際共產勢力所乘。
　　就我方而言，中華民國政府與人民將一貫地繼續提
　　高警覺，並加強準備，以實力保衛自身安全。

四、美國承認中共不久之後，中共立即入侵越南。閣下
　　是否認為此項行動會使美國或其他國家對中共優先
　　發展經濟政策的看法有無改變？

答：這使得本人想起尼克森首次訪問中共之後，美國
　　人一時流行穿毛裝，喝茅臺酒的情形，但結果如何
　　呢？那股「中共熱」並沒有使美國人認清中共。時
　　間終將使偽善者現出原形。

五、過去曾有許多人寄望美國與中共關係的改善，可以
　　擴展它們之間的貿易。閣下是否認為如此？又是否
　　將對貴國經濟前途構成威脅？

答：如果中共不在思想和制度上作基本改變，它的現
　　代化只是空談。大陸有八億以上的人口，臺灣只有
　　一千七百萬，雙方土地大小比例亦甚懸殊，而在貿
　　易上大陸的對外貿易額反而比臺灣小，而其經濟成
　　長速度，更與自由中國形成強烈的對比。這些事實
　　顯示出中共的落後真像。至於中美貿易額，更是十
　　倍於美匪貿易額，且正在穩定地增強；而美匪商業
　　快迅成長的遠景卻甚黯淡。

六、閣下是否預測將會與中國大陸建立非政治性之聯繫，
　　正如北平官員最近所提議的貿易、通郵與探親等？

答：在中國大陸內部，人民生活非常艱苦，而且讀書
　　無自由，就業無選擇，中共連這些基本自由都不能
　　給予大陸人民，而奢談與外界交往流通，豈非全是
　　欺人之談。中共之所以作此試探，旨在設法向我中
　　華民國自由開放社會進行分化破壞與滲透顛覆的勾
　　當，以圖在其不能使用武力時而達併吞臺灣的野心
　　目的。

七、一般臆測美國與中共之間更密切的關係，會導致貴
　　國與蘇聯建立某種聯繫，此是否即為貴國所欲，或

至少在蘇俄採取主動之後，貴國予以接受？

答：我們的基本立場是「堅守民主陣容」，不與共黨國家
　　來往，不管它是俄共或其他共黨，也不管由誰主動。
　　蘇俄是幫助中共竊據大陸的國家，中華民國過去備
　　受共黨之害，絕不會天真到接受「敵人的敵人就是
　　朋友」的說法。

7 月 19 日　星期四

上午

十時十五分，親臨自由之家李惠堂先生追悼紀念會，行
禮致祭，並慰問其家屬。

下午

四時三十分，見美國國際企業管理服務團駐華業務處主
任白樂德。

五時，見海地共和國外交部部長多賽利。

五時三十分，見奧地利維也納中國文化研究所會長溫克
勒教授。

7 月 20 日　星期五

【無記載】

7 月 21 日　星期六

上午

十一時，在府接見美國律師艾林伍德。

7月22日至23日　星期日至一
【無記載】

7月24日　星期二
上午

九時三十分，在府接見讀者文摘美國版總編輯湯普森，在回答其所提問題中，指出我國科學發展目標，在建立安和樂利社會，以作為未來全中國建設之藍圖。

十時，主持財經會談。指示財經首長努力改善產品品質，加強公共投資、維持經濟成長、全面收購餘糧以及穩定毛豬價格等。

十一時三十分，在府接見參加今年第一次國家建設研究會學人楊日旭、陳文蔚、張崇賜、周中、劉奕銑、陳謨星、高資敏等六人。

下午

四時三十分，在府接見參加支援「被奴役國家週」大會各國反共領袖等。

讀者文摘美國版總編輯湯普森訪問全文

一、美國承認中共之後，中華民國與美國仍維持實質關係；但是，我們目前與貴國的關係是人民與人民之間，而與中共卻是政府與政府之間的關係：

　　（一）如此是否導致我們之間科技合作任何不便？

　　（二）是否此一合作之實質與範圍已有削減？

　　（三）美國與中共之關係正常化對貴國科學發展之

長程計畫影響如何？

（四）又對貴國之長期經濟計畫有何影響？

答：（一）中美外交關係的中斷，自然可能導致雙方科
技行政當局聯繫協調方面的不便，所以本人
認為，唯有雙方間繼續加強互信與善意，才
能使今後中美間的科技合作繼續發展。

（二）迄今為止，由我國國家科學委員會與美國國
家科學基金會共同執行的雙邊合作方案仍照
預定計劃推行。此外，雙方民間學術團體與
雙方大學間的合作，近半年來有擴大範圍和
充實內容的傾向。這種美國學術界所顯示對
中美科學學術團體間的通誠合作，實在是中
美兩國人民間深厚友誼的最好說明。

（三）我國科學發展長期計畫的目標，是要在自由
中國建立一個安和樂利社會的楷模，作為
未來全中國建設的藍圖。這個目標並不因
為美國與中共「建交」而有所變更。

（四）中美經貿關係是基於中美間的共同利益，本
人相信此種關係，仍將繼續擴大。

二、石油輸出組織國家最近提高石油價格：

（一）對貴國目前及未來的經濟影響如何？

（二）貴國已採何種措施來面對此一挑戰？

（三）貴國已採何種長期計劃以因應能源危機及其
帶來的問題？

答：（一）國際油價的上漲對經濟的影響是全球性的，
所以對我國物價與經濟成長也難免會造成相

當程度的衝擊。我國將隨時密切注意各種客
觀環境變化因素，研擬各項因應對策。

（二）面對當前國際能源問題，我國政府已經採取
積極的措施，如運用各種信用工具，以調
節金融；透過財稅政策，以穩定物價；及
修正獎勵投資條例及僑外資投資條例，勵
行能源節約等政策措施，以解決當前面臨
的各種問題。

（三）在掌握長期能源供應方面，我國已加強進行
國內外能源的探勘開發工作，繼續謀求與產
油國家簽訂長期供油合約，並發展核能發
電、興建燃煤火力電廠及開發替代能源，以
求減緩對石油的需求。在節約能源方面，我
國政府最近曾公布「節約能源措施」，促使
國內能源之有效與合理的利用。

三、越南難民問題正由世界各國注視中。目前，香港儘
管收容難民將對其經濟與社會福利產生壓力，仍基
於人道立場予以安置。相反的，東南亞諸國中的菲
律賓、馬來西亞及新加坡卻關緊其邊界，拒絕難民
入境：

（一）閣下對越南驅逐華裔居民的政策，目前已達
一百五十萬左右，有何看法？

（二）中華民國願意收容更多搭乘不適航海的船隻
抵達貴國港口的難民嗎？若不願意，有何
困難？

答：越南難民問題，根本上是共產極權政治迫害所造成

的結果。中華民國對於這些難民已竭盡可能的提供一切援助，不僅已收容了一萬多位難民，同時也願提供糧食等物資接濟其他國家所收容的難民。我們希望國際間基於人道立場，對這些不幸的人民提供更多更有效的救助。

不過本人必須鄭重指出：共產政權是製造難民的溫床，只要共產制度在亞洲存在一天，亞洲難民問題也就會存在一天，所以自由世界必須從根本上去謀求徹底解決。

四、閣下一向關懷中國青年的身心福祉：

（一）今日在臺灣的青年很關心政治嗎？

（二）這些青年多數未見過大陸，他們對中華民國「光復大陸」的政策有何看法？

（三）中國大陸的文化大革命造成十多年教育的中斷，閣下認為他們要如何方能恢復此一創傷？

（四）由於大陸上經過三十年的共黨統治及文化大革命，以及新生的一代也在臺灣成長，在這個情況下，閣下以為何者為中國的精神？

（五）閣下認為何者為中華文化傳統？

（六）又如何去實踐？

答：（一）大體說來，今天中華民國的青年有濃厚的愛國情操，所以他們都是非常關心政治的。

（二）至於光復大陸，這是一個關係國家、民族以及每一個中國人未來生存發展的問題。我們的青年也都認識到，唯有使中國大陸自

由化、民主化和中國化，中國問題才能得
到真正而徹底的解決。

（三）中國大陸由於中共「文革」造成的十年教
育中斷，這是我們中華民族莫大的損失和
悲哀，只有在中國大陸重建自由民主的政
治、經濟和社會體制，共產政權對教育所
造成的損害才有恢復的可能。

（四）在本質上說，由於中華民國政府與人民始終
在努力維護並發揚中華文化的精髓，自由
地區青年一直在承受中國文化的薰陶，因
此，在自由中國成長的一代，纔是中華文
化的代表。

（五）中華文化的傳統是以人與家庭為本位，重
視人與國家及家庭的關係，這一關係尤其
表現在道德觀念和倫理關係之上。中國儒
家思想倡導格物、致知、誠意、正心、修
身、齊家、治國、平天下，而中華文化實
踐的道理就在其中。

7月25日　星期三

上午

九時，主持中常會。核定錢復繼任外交部政務次長，王
甲乙繼任司法行政部政務次長。又為關懷大專工讀生發
生意外事，特提示青年工作會協調青輔會等有關單位加
強青年假期工作的職前安全訓練。

下午

四時半許，抵恆春，巡視臺電核能三廠工地並聽取簡報，對工程進行順利，表示滿意。隨後訪問後壁湖漁港、海防部隊及貓鼻頭風景區等地，親切慰問漁民及海防部隊官兵。

七時左右，轉抵恆春鎮長龔新通家中訪問，並垂詢地方民眾之需要。不久即離去。

7 月 26 日　星期四

上午

八時，在墾丁賓館約屏東縣長柯文福及恆春鎮長龔新通共進早餐，詢問地方建設及農漁民生活情形。

九時半，訪問恆春鎮菜市場，詢問攤販們營業狀況及毛豬與肉價等。

九時四十分，飛往琉球鄉，巡視鄉公所及靈山寺等風景區，至十一時許離去。

十一時三十五分，蒞臺灣機械公司，巡視各組機件運轉情形，並慰勉工作人員。

7 月 27 日　星期五

上午

九時，見軍方人員劉馨敵等六人。

十時，主持國父紀念月會。新任駐南非大使楊西崑、外交部政次錢復、司法行政部政次王甲乙在會中舉行宣誓，由總統監誓。隨後經濟部張部長光世作經濟建設報告。

中午

十二時十分，至陽明山莊與革命實踐研究院全體學員
會餐。

下午

一時，主持革命實踐講習班第一期學員點名及座談。

二時，主持革命實踐訓練班第一期學員點名及座談。

7月28日　星期六

上午

八時，在圓山飯店以早餐款待中國青年黨主席李璜，為
其餞行，並交換國事意見。總統府資政張羣及國畫大師
張大千在座作陪。

7月29日至30日　星期日至一

【無記載】

7月31日　星期二

上午

十時，主持軍事會談。

8月1日　星期三

上午

八時，至市立殯儀館，弔祭陸軍一級上將黃鎮球之喪，並慰問黃將軍之家屬。

八時十八分，至中央氣象局，詳詢超級颱風「賀璞」之動態，並對工作人員之辛勞表示慰勉。

九時，主持中常會，要求從政黨員共同努力，根絕弊端，澄清吏治，更進一步樹立誠摯的政治和社會風氣。

今日電話臺省府林主席，慰問其罹患重感冒之病情，並囑多休息調養，期早康復。

8月2日　星期四

今日因賀璞颱風來襲，臺北地區之公務機關停止辦公一天。

8月3日　星期五

上午

十時，主持一般會談。

今日報載總統日前接受南非週刊記者訪問時表示，堅信在可預見的將來，亞洲大陸上的中共政權將會被推翻。總統並指出，共黨和談只是統戰手法，我絕不為共匪詭計所乘。

南非「中肯」週刊駐臺北記者劉伯宏問答全文

一、

問：中共是否正在向右轉變？

答：中共內部常有政策路線的爭執，但是不論中共走的是什麼路線，基本上仍不離「無產階級專政」與「共產主義」的思想與制度。在這種意識型態及其體制的支配之下，所謂「右轉」都是欺騙自由世界的手段。

二、

問：臺灣和大陸會在短期內拉得較近嗎？

答：儘管中國大陸人民目前在心態上普遍希望改善生活，並且對中華民國自由地區的成就頗為嚮往，但是，只要共產黨的極權統治存在一天，中國大陸社會將永遠是封閉的社會，只有在中共政權被推翻之時，臺灣海峽兩邊的中國人才有拉近的可能

三、

問：中華民國和中共能否再度統一？

答：統一是中國人民的共同願望，但中國的統一，必須以自由民主為基礎，凡是專制獨裁與集體化經濟的思想與制度必須廢棄。當前中國大陸人民，正在朝這個方向奮勇前進，在可預見的將來，當反人性、反人權、反民主自由的中共政權被推翻之後，中國的統一自然水到渠成。

四、

問：以政治思想言，中共的新面貌是否和過去真有什麼不同？或仍是共產主義但有一張新面孔？

答：中共目前由於內部權力鬥爭中鄧小平的再度一時
　　掌權，雖予外人一種「新面貌」的假象，但是它仍
　　強調所謂「四堅持」即「堅持無產階級專政、堅持
　　共產黨領導、堅持社會主義社會和堅持毛澤東思想
　　和共產主義。」這就明白表示中共實際上還是老一
　　套。根本不曾有任何改變。

五、

問：鄧小平最近曾建議讓臺灣維持經濟繁榮及生活水
　　準，作為和談條件，中華民國政府，特別是總統閣
　　下，尚未針對鄧小平的建議，指出接受共產主義的
　　結果，會帶來甚多害處，且毫無任何利益，又中華
　　民國政府為什麼不說臺灣的經濟繁榮是得益於三民
　　主義，只有中共接受三民主義，雙方才可商談？

答：是的，正如你所說的，本人曾一再指出：共產主
　　義不適於中國，是不能為中國人民所接受的。「過
　　去三十年的事實。中國大陸人民生活的貧窮困苦，
　　已經足可證明。所謂鄧小平的建議，不過是中共統
　　戰的又一手法」，中華民國政府為了揭穿中共的統
　　戰陰謀已有堅定聲明。此項聲明的全部內客，即係
　　印證臺灣的經濟繁榮是實行三民主義的結果。中共
　　過去曾多次公開表示接受三民主義，與中央政府和
　　談，而實際上卻接受蘇俄支援，進行破壞活動，利
　　用戰後的混亂情勢全面叛亂而竊據大陸，推行禍國
　　殃民的共產暴政，因此中華民國政府必須保持高度
　　警覺，「絕不為中共任何欺騙詭計所乘。」

8月4日　星期六
上午

九時起，見軍方調職人員陳斯祿等三十一人。

8月5日　星期日
上午

八時三十分，抵基隆八斗子，在該處早餐後，即由行政院長孫運璿等陪同，巡視即將正式通車之北海濱海公路，並沿途視察農漁村，探訪居民生活情形。

8月6日　星期一
上午

七時三十分，至陽明山莊與革命實踐研究院全體學員共進早餐。

8月7日　星期二
上午

九時，見胡旭光。

十時，主持財經會談，指示應繼續發展經濟，開拓對外貿易，積極辦理中小企業專案融資及增加民營企業融資，輔導收購餘糧與獎勵儲蓄。

8月8日　星期三
上午

九時，主持中常會，曾提示如次：

（一）任何人如貪污有據，應一律嚴辦。

（二）從政主管黨員應嚴格執行公務員十項革新要求。

（三）內政部及省市政府從政首長，應全面清查建築
　　　物，是否存放易燃易爆物品，以維護公共安全。

此外對中國時報駐西貢特派員何燕生遍歷艱險終回祖國
所表現的不屈精神，以及青年吳政輝的改邪歸正，奮發
向上，均特別嘉許。會後，見高雄市主任委員郭哲。

下午

四時，乘機飛澎湖。

8 月 9 日　星期四

清晨

在澎巡視國軍全面加強戰備措施之一的大規模實兵演習
——「漢聲演習」，隨後又檢閱澎湖各界動員編成之後
備軍人大隊，共歷數小時。對整個演習情形極為滿意。

下午

四時許，在機場召見澎湖縣長謝有溫等地方首長詢問地
方各項建設情形，勗勉彼等加強團結，對建設地方應該
著重的方向，並有所提示。

8 月 10 日　星期五

【無記載】

8 月 11 日　星期六

上午

九時四十分，抵成功嶺聽取大專學生集訓班簡報。

十時，主持大專暑訓學生第一梯次結訓典禮，致詞勉勵
全體學生提高德性，向前邁進，共同創造成功之路。

大專暑訓學生第一梯次結訓典禮致詞

今天六十九年度大專學生暑期集訓第一梯次的同學
結訓，我來到成功嶺，看到大家精神抖擻，步伐整齊，
軍容壯盛，旗幟整然，感到十分愉快。這證明大家接受
六個星期的軍事訓練，時間雖短，收穫很多，特別是大
家在革命洗禮中，身心有了新的陶冶，生活有了新的內
容，觀念和精神都有著新的體驗，而且體格鍛鍊得更堅
強，眼光比以前更遠大，準備為國家負起重大的責任。
實在這一個教育訓練，對大家不僅有著非常重大的價
值，更有著非常重要的意義。過去三十年來，是我們中
華民國轉弱為強的歷史階段，我們國家成為前途光明、
青春隆盛的國家，我們三十歲以下的人口占總人口百分
之六十以上，證明我們有優秀的年青的一代，正在成長
壯大、欣欣向榮。

青年是民族的生命力，是國家生機的泉源，所以國
家的教育設施，社會制度一切施政作為，都是以青年為
本位、為中心，要為青年創造一個學習、成長、發展的
良好環境，而我們社會的變遷、政治的進步、經濟的發
展、文化的復興，更就是要由青年們進入社會後的普遍
參與、積極貢獻，來帶動、來推展、來形成。因之，青
年們的思想、精神、觀念、品德、體魄、學識、能力，
無一不關係國家民族的前途，亦即無一不關係社會、家
庭、個人的前途。

今天大家接受成功嶺六個星期的教育訓練，體認到文武合一教育，使大家對復國建國前途有更大的信心，對自我發展和社會參與，有更多的認識，特別是自己對國家、對社會密切相連的責任感，有更深刻的體察。

有一些外國朋友，在中美斷交之後，看到我們在艱苦環境中奮鬥，非常感動，都說「中國人有種。」的確，我們中國人都是有種的人，有優秀種性的人。這就是說，作為一個中國青年、一個現代中國青年、一個現代中國知識青年，要有血性，有理性，有德性，有群性。

有血性，即必能奮發一己的良知熱血，愛國救國。

有理性，即必能明是非、不徬徨，冷靜的、正確的、公平的理解一切事物，走天下之正道，而有所為有所不為。

有德性，即必能由個人良好品行的陶冶，影響社會公德的普遍實踐養成。

有群性，即必能合群互助，擴大小我的利益為團體的利益，尊重全民的團結、公眾的秩序和社會的安定進步。

青年朋友們！最近幾天，在報上看到堅決反共的何燕生先生由越南脫險歸來，也看到在監獄中改過新生、刻苦攻讀的吳政輝同學考取大學，我內心十分關切，十分高興。何先生在六十四年四月三十日最後一篇通訊中說「今日的西貢，主和的人多，主戰的人少，哀莫大於心死，恥莫過於屈膝求和。」最後越南亡國了，這段話警惕的意義非常深刻，何先生的警語，說出了許多強

烈反共人士的心聲；而且他在四年的監獄、勞改、難民
營和荒島的生活中，始終堅持爭取自由的意志、決心和
信念，使他終於以爭取自由的行動重獲自由。這就證
明，任何反共愛國之人，絕不會求和，絕不會退縮，而
要做一個堂堂正正的中國人。而且在今天的復興基地，
只要是反共愛國的人，人人受歡迎，人人受尊重。我所
以講到吳政輝同學，不是因為他考上大學，而是由於他
少年時雖然一時不慎，受到刑罰，但是他能夠在悔悟中
接受教訓，奮發苦讀，特別是能夠體念父母的痛苦和深
恩。他說，當時他決心回頭，堅忍奮發，自立自強，就
是要做一個有益於社會，貢獻於國家，為人所重視的有
用之人，以此報答父母，報效國家。有人訪問他母親，
問到有什麼感想，他母親說：「現在我把他交給大家，
希望中央大學（地球物理系）的師長和同學，將來不要
輕視他，盡量鼓勵他，幫他完成學業，把本事貢獻給社
會。」這也就證明，一個青年，只要有決心、有志氣，
就能有進步，就能有成就；並且在復興基地，每一個青
年，只要肯走正路，只要肯下工夫，人人都有公平的機
會，安定的環境，自由的成長、發展、就學、就業。

　　青年朋友們！我們是一個天下為公、光明進步的國
家，我們青年們以做中國人為榮，同時也以善盡自己的
責任為榮，所以今天我在大家結訓的日子，要祝賀大家
走上了文武合一的新的教育旅程，同時也期望大家頂天
立地，繼往開來，使自己的德性、精神和對國家社會的
責任感，向上提昇；使自己的學識、技能和力規進取的
鬥志，向前邁進！實踐三民主義、復興國家民族的成功

之路，必然是我們有志青年所共同創造的。

最後，祝大家健康快樂！勝利！成功！

8 月 12 日至 13 日　星期日至一
【無記載】

8 月 14 日　星期二
上午

九時三十分，見黃宇人。

十時，主持軍事會談。

今日接到空軍官兵慶祝「八一四」勝利紀念大會中通過的致敬電文後，特覆函期勉空軍官兵，發揚忠勇軍風，再創輝煌戰績。

8 月 15 日　星期三
上午

八時許，至市立殯儀館弔祭中央研究院院士李濟博士之喪。

九時，主持中常會。提示我國經濟建設目標，主要在追求民生主義理想，縮短貧富差距；在經濟發展過程中，使所獲得的利益，為全體國民所共享。

8 月 16 日　星期四

今日打電話給臺省府主席林洋港，對雲林嘉義交界處的清水溪上游岸壁崩塌事件，極為關切，囑隨時提出情況

146 蔣經國大事日記（1979）
Daily Records of Chiang Ching-kuo, 1979

報告。

下午

五時，見副總統。

六時，見陸軍總司令郝柏村。

六時四十五分，赴民生西路主教座堂，向天主教故樞機主教于斌靈前行禮致祭，以悼念于樞機逝世一週年。

8月17日　星期五
【無記載】

8月18日　星期六
上午

十時，見魏鏞。

十一時，見高玉樹。

中午

十二時三十分，蒞臨臺北市政府，聽取李登輝市長有關青潭堰攔水壩搶修及市民缺水情形。並指示李市長儘速興建永久性攔水壩，以使青潭堰基礎更加堅固。

下午

五時三十分，親至青潭堰工地，視察水壩修復工程，並慰問支援搶修之工兵部隊。

七時，在圓山飯店以晚餐款待拉查雷斯夫婦。

8 月 19 日　星期日

上午

九時許，蒞臨新竹縣政府，聽取林保仁縣長之縣政簡報。

九時四十分，往湳雅區，巡視省立新竹醫院遷建工程。

十時，訪問新竹城隍廟，與民眾親切招呼。

十時四十分，至「仁愛之家」慰問孤兒。隨後至新竹工業園區，巡視施工情形並慰問工人之辛勞。

下午

一時許，抵達後龍外埔漁港，巡視該港落成後使用情形。並訪問造橋農牧社區酪牛戶陳庚文，對乳牛收益垂詢甚詳。

四時二十五分，再度巡視青潭堰臨時攔水壩搶修工程，並指示不要因趕工而忽略了水壩之安全。

8 月 20 日　星期一

今晨

獲悉我中華東峯青少棒隊在美贏得一九七九年世界青少棒大賽冠軍，再度衛冕成功，特去電致賀。

上午

八時四十分，至市立殯儀館，弔祭立法委員詹純鑑之喪。

中午

十二時，第三度蒞臨青潭堰攔水壩，巡視施工情形，並

慰問修壩官兵之辛勞。

8月21日　星期二

上午

十時，主持財經會談，提示今後除依照計畫完成國家重要建設外，並應全力推動與民眾利益密切相關的全面建設。

中午

聞悉搶修青潭堰臨時攔水壩之國軍二九三五部隊工兵連連長陳金龍少校殉職一事，深為震悼。隨即約見該部隊指揮官王羣望上校，詳詢陳故少校殉職情形及其家庭狀況。並指示國防部辦理陳故少校之喪事，並優予撫卹。

下午

四時起，先後約見朱撫松、丁懋時、夏超、胡為真、錢思亮、汪彝定等。

財經會談提示

　　國家建設除依照計畫完成十項重要建設，並積極推動既定的十二項建設以外，今後中央與地方應全力推動與民眾利益密切相關的全面建設：

一、多建築一般性的村里道路，達到村村通汽車的要求；並且有計畫的闢建產業道路，使能貨暢其流，減少民眾運輸交通的不便。

二、普遍興建簡易的自來水設施，達到家家有水用的要求。

三、除已列入十二項建設細部計畫以內的排水工程以
　　外，應加強興建地方性的排水工程和堤防工程。

四、凡舊損的橋梁，均須全面檢查予以改建，並增建急
　　需的橋梁，以利民行。

　　農工並重是當前經濟建設的基本政策，今後應注意
農工業間的相互配合，相互支援，以增進共同平衡發展
交相影響的利益。

——在對外貿易方面，希望工商業者確切做到良好的品
　　質、低廉的價格，以增進對國際貿易的競爭力量。

——中央與地方有關部門，應從速研究如何建立合理的
　　銷售制度，既能減輕消費者的負擔，又能提高生產
　　者的利益。

——對於經濟犯罪案件，必須澈查嚴辦，以貫徹改革政
　　風的要求。

——對於中央銀行融資中小企業所撥貸之新臺幣五十億
　　元，望即研訂機動有效的辦法，運用此項貸款，以
　　活潑資金，使工商業能夠獲得迅速的直接的便利。

　　目前的國家建設，應向先進工業化國家看齊，並提
高各項水準。

8月22日　星期三

上午

九時，主持中常會。

常會後，見臺省府主席林洋港。

十一時五十分，抵達中央氣象局，聽取颱風動態簡報，
當獲悉茱迪颱風對本省北部威脅已減除後，深感欣慰，

並對工作人員之辛勞，表示慰勉。

8月23日　星期四
上午

十時，約見哥斯大黎加外交部長喀德戎夫婦。

十時三十分，見新加坡駐華商務代表鄭維廉等。

十時四十五分，見前美駐華陸軍技術團主任拉查雷斯夫婦。（前來辭行）

十一時，分二批見軍方調職人員劉傳榮等十六人，

今日核定頒發因公殉職之陸軍工兵少校陳金龍旌忠狀一紙，以示表揚。

8月24日　星期五
上午

十時，主持國父紀念月會，由臺省府主席林洋港報告省政重要措施。會後，見陳立夫先生。

今日特派總政治作戰部主任王昇上將慰問陳金龍少校之家屬，並致贈慰問金新臺幣拾萬元。

8月25日　星期六
上午

九時，飛往金門，訪問前線軍民。

8 月 26 日　星期日

今晨

獲悉我中華朴子少棒隊在美贏得一九七九年世界少棒大賽冠軍,再度衛冕成功,特去電致賀。

8 月 27 日　星期一

上午

九時二十分,蒞臨市立殯儀館,致祭因公殉職之工兵連長陳金龍少校,並慰問其遺屬。

另指示臺北市長李登輝,對日前因公殉職之自來水事業處技工王兩昭,應予從優撫恤,並妥善照顧其遺屬。

8 月 28 日　星期二

上午

十時,主持座談會。參加者有嚴前總統、謝副總統、孫院長運璿、倪院長文亞、張秘書長寶樹、沈秘書長昌煥、馬秘書長紀壯、高部長魁元及宋總長長志等。總統府第一局周局長應龍列席。

下午

四時三十分,見張閭琳。

五時,見美國貝泰公司總裁貝格特等三人。

五時三十分,見新聞局駐美工作人員:江德成、鄭南渭、陶啟湘、王曉祥、倪公炤、李嘉。

8月29日　星期三

上午

九時，主持中常會。

會後，見趙自齊、關中。

今天致電英國蒙巴頓爵士之家屬，為蒙巴頓爵士之不幸
逝世，表示慰唁之意。

8月30日　星期四

下午

五時，在府內大禮堂接見參加世界棒球賽之中華青棒、
青少棒兩支代表隊，嘉勉兩隊小國手在比賽期間表現了
臨危不亂、沉著應變、轉敗為勝的奮鬥精神。並贈送每
一隊員以先總統蔣公紀念銅像一枚與「詞源」一套。

8月31日　星期五

上午

十時，蒞臨高雄，先後巡視大地菱農機公司與光陽機車
公司之生產情形，對兩家公司之產品與外銷業績，深表
欣慰。

晚

八時，在高雄圓山飯店約見高雄市長王玉雲，垂詢高市
改制後之市政推行情形。並囑王市長全力輔導青年就業
及協助漁農工商各業解決所遭遇之困難。

9月1日　星期六

上午

八時，在圓山飯店約見高雄市臨時議會議長吳鐘靈、副議長陳清玉，勉勵議會切實負起為民喉舌的責任，作政府與民眾之間的橋梁。

九時，蒞臨空軍軍官學校。

九時三十分，主持該校五十週年校慶大典。並致詞勉勵全體空軍官兵，努力貫徹領袖遺訓，再造筧橋的光榮，再造國民革命軍的輝煌勝利。

十一時三十分，與空軍官校、通校、機校、中正預校全體官生及來賓會餐。餐後即席致詞，讚許五十年來官校師生屢建奇勳，成仁成功的貢獻。並向家長們——有賢子弟為空軍軍官而致賀。

中午

十二時許，在空軍官校約見屏東縣長柯文福，提示注意防颱工作、加強收購稻穀以及解決琉球鄉缺水等事項。

下午

一時五十分，至臺中市參觀三富汽車公司，對其所產汽車及機器設備拓展外銷，深表嘉許。

二時五十分，至臺中縣大里鄉草湖訪問，受到居民熱烈歡迎。

四時半，至南投縣水里鄉鉅工發電廠，聽取計劃在水里鄉興建的明湖、明潭兩座發電廠各項工程之詳情。

空軍官學校創校五十週年校慶典禮致詞

　　今天是空軍軍官學校五十週年校慶，這不只是全校師生和全體空軍官兵的光輝節日，更是國民革命軍建軍史上具有重大意義的紀念節日。

　　我們國民革命軍，由於護法之役及永豐艦海軍官兵的奮起討逆，擴大了革命力量的基礎；由於黃埔陸軍官校的成立，奠定了建軍北伐的基礎；由於筧橋空軍官校的成立，堅實了我們國民革命軍國防建設體系全面的基礎；更由於陸海空三軍的同心協力，齊勇若一，而創造了東征、北伐、統一、剿匪、抗戰一次又一次戰役的光榮勝利。

　　在空軍建軍之初，領袖期望空軍官兵，「要不負國家在艱難拮据中建設空軍的苦心，要當得起中華民國空軍的名義」，達成「救亡禦侮、復興民族」的重責大任。五十年來的革命歷史，證明我們空軍官兵都是人人奮勵，人人用命，確實不負領袖的期許，「當得起中華民國空軍的名義」，而閻海文、高志航、李桂丹、周志開……各烈士，或成仁取義，或壯烈犧牲，樹立了空軍忠勇精神的典型，為同志同胞所追懷景仰，為敵人所心怯膽寒，而陳懷生烈士的為國殉職，壯志得伸，領袖稱許他是「一個真誠純潔的革命志士」，認為他有自反自修的高深品德，可以說軍風武德，在他身上，一一體現出來，至今我們都在懷念這樣忠勇的空軍烈士。

　　不僅我們空軍飛行戰鬥弟兄犧牲奮鬥，克敵制勝，而所有地勤服務同志，在空軍建軍以來，在修護、通訊、補給……各個戰線上，胼手胝足，艱難創造，以血

汗凝聚成戰果。每次我遇到空軍地勤弟兄，握起手來，一股熱流直透胸懷，內心深為感動，因為中華民國的空軍，是憑著你們無數雙辛苦克難的手，支援作戰，遂行任務。你們的貢獻，實在值得欽敬，你們的生活，也使我深為關懷。

五十年來，我們空軍是在極盡艱難的環境中成長的，而我們空軍也是在極盡艱難的環境中，愈戰愈勇，一次又一次達成光榮任務的，特別是，在如此極盡艱難的環境中，我們空軍飛行戰鬥的技術進步了，修護補給的技術進步了，自造發明的能力也進步了，一連串的事實，也更證明我們中華民國空軍官兵的心中，沒有難字。

今天我們回想五十年來，領袖創建空軍的艱難，同時也想到領袖追隨國父，革命一生，都是在艱難之中奮鬥。最近我看到名哲學家方東美教授的遺墨，方先生治學論史，非常謹嚴，他贊頌領袖時說：「六百餘年以來，豐功偉業，一人而已，平生所遭遇之艱難險阻，精神毅力皆足以克服之，幾千年來，一人而已。」領袖不論在任何險惡關頭，都是堅持原則，不屈不撓，最後終能轉危為安，轉弱為強。這就是我們今天同志同胞最重要、最有力的精神導引，我們三軍官兵尤其要深體領袖的奮鬥環境、領袖的革命志事、領袖的精神毅力，來克服艱難險阻，達成「救亡禦侮復興民族」的重責大任。

空軍官兵同志們！現在我們又面臨一個新的革命環境，在紀念空軍官校成立五十週年的今天，經國除了向大家申致賀忱和慰勉，除了向為國犧牲的空軍弟兄們默

念致悼，除了向全國以人力物力支持空軍建軍的同胞們
申致謝意之外，特別期望空軍官兵共同實踐新的理想，
新的觀念，亦即是要。

——心心念念為貫徹領袖對空軍的遺訓而奮鬥！

——切切實實為貫徹現代化空軍的建軍目標而奮鬥！

——時時刻刻為貫徹三軍一體、如手如足的聯合作戰行
　　動而奮鬥！

　　讓我們大家在反共復國的大業中，作「一個真誠純
潔的革命志士」，「當得起中華民國空軍的名義」，壯
志凌雲，克敵制勝，再造筧橋的光榮，再造國民革命軍
的輝煌勝利！

9月2日　星期日

上午

繼續巡視南投縣，曾先後訪問臺省府林主席之祖宅、農
友黃坤田、水里頂崁駐軍部隊、水里火車站、集集鎮
公所等處。近午並至已故議員余秀卿家中慰問後離開
南投縣。

9月3日　星期一

上午

七時三十分，在三軍軍官俱樂部與國軍英雄模範等共進
早餐，並致詞指出只有三民主義才能救中國，為了保國
衛民，我們一定挺身而出，英勇戰鬥。

八時，訪嚴前總統。

中樞秋祭陣亡將士典禮，上午十時在圓山忠烈祠舉行。

總統親臨主祭。禮成後並慰問在場的國軍遺族代表與先
烈子弟代表。

下午

四時，見大衛甘乃狄。

五時，在府約見美國五十個州前來參加中美貿易暨投資
研討會之代表一百三十人。並致詞強調我國貿易市場永
為自由國家開放；並願竭誠改善中美雙方貿易情勢。

九三軍人節致詞

今天是我們國民革命軍的軍人節，軍人節不只是軍
人的節日，也可以說是全國軍民的一個重要的節日。我
們的軍隊是保國衛民的，是軍民一體的，在營為良兵，
在鄉為良民。軍隊需要國民來支持，就無條件的來支
持，國民需要軍隊來協助，軍隊也是要無條件地來協
助。尤其當我們面對敵人的時候，我們的全體官兵更會
勇敢作戰，消滅敵人來達成保國衛民的神聖任務。

今天同各位見面，首先感到欣慰的，是我們的軍隊
一年比一年進步，一年比一年年輕，一年比一年精壯。
我們的軍隊不斷地在進步，而且進步的很快。

今天在座的有我們各莒光連隊長，連隊是我們軍隊
的基石，是我們軍隊的基本單位，所以鞏固軍隊就要鞏
固連隊。莒光連隊無論是在戰鬥上、訓練上、思想上、
組織上、體格上或紀律上都是最優秀的。我們的軍隊是
優秀的軍隊，而莒光連隊是優秀中的優秀連隊。莒光連
隊長多年來領導連隊，建設連隊花了很多的心血，你們

的心血花得很有意義，你們的心血鞏固了我們軍隊的基礎，使我們的軍隊愈來愈堅強。

今天在座的還有互助小組長，互助是很重要的建軍精神，也是團結的基本精神。不論是陸、海、空軍，不論是每一部隊官兵，都要彼此幫助，彼此協助，達到我們以一當十，以十當百的革命精神。軍隊要建立互助精神。這是領袖指示我們的。部隊自從推行互助工作以來，在團結方面有很大的進步。互助不僅是個人的互助，還要部隊與部隊的互助。在作戰時，當我們的同志有困難、有危險時，要馬上去幫忙，這樣必能使我們的戰力更加強大。互助合作是我們革命軍建軍的基本精神，也就是親愛精誠的表現。

我們非常感謝各位敬軍模範先生、女士，對於我們軍隊的幫助；不僅是過年過節，就是在平常的時候，社會上各位先生、女士不斷地慰勞軍隊，使軍隊士氣一天比一天高昂。我個人認為物質上的慰勞固然重要，但你們表現在精神上的鼓舞力量更偉大。

最近我們召集後備軍人，報到人數總是在百分之九十八以上，這是任何國家所沒有的。今後我們更應軍民一心，軍民一體來達成我們反共復國的任務。我們的軍隊是領袖一手所創辦的，經過了無數次的戰役，打敗了無數的敵人，我們也在戰爭中堅強了自己。

今天大陸尚未光復，共匪三十年來的壓迫統治，使大陸同胞過著暗無天日、牛馬不如的生活。但是共匪的統治是不會太久的，他們所走的道路是一條邪路，一條走不通的絕路。而我們的道路是國父和領袖所指示的正

大光明的道路。雖然今天我們有困難、有挫折，但是我們全體軍民都相信我們最後一定是勝利和成功。因為我們有合乎全國人民需要的三民主義思想，這種思想體系是合乎自由民主的。而共匪思想是違背天理、是殘暴統治、是全國人民所厭惡和反對的。今天事實已證明，大陸同胞心向政府，心向祖國，嚮往我們在臺、澎、金、馬的制度。只要我們奮鬥下去，更能看到敵人內部的混亂和大陸人民的抗暴。更證明了最後勝利和成功，一定屬於我們。

我們全國軍民有共同的目標；就是國父所訓示我們的，只有三民主義纔能救中國，我們把握這一目標，不論遭遇任何困難，決不放棄，今天不放棄，永遠也不放棄，永遠要貫徹三民主義的主張，消滅共匪。相信只要我們把握目標，有毅力、有決心就一定能夠成功。成功與失敗不是看那方面力量大小，而是看那一方面站在真理正義的一邊，站在自由和平的一邊。成功和失敗也不在開始，而在最後。一個大的戰役，往往由於最後一個碉堡的堅守，便轉危為安，一個人的抵抗，便轉敗為勝。我們有此強大的力量，有此正確的目標，為了國家民族，為了後代子孫，相信由於我們全體軍民的努力，一定可以消滅共匪，光復大陸，以三民主義的思想體系來統一中國。

部隊官兵訓練，戰技和體能至為重要，使我們成為戰無不勝、攻無不克的軍隊。為了保國衛民，我們準備付出一切代價，不惜一切犧牲。誰想傷害我們，我們一定挺身而出，英勇戰鬥。這是我們可以明告全世界人士的。

　　我們要建立現代化的革命軍，不但要有現代化的武器、現代化的技術，更要有革命無畏的精神，不屈不撓、奮鬥到底。這種無畏的精神，更超過武器技術，相信全體官兵，一定能夠做到三軍一家，軍民一體，精誠團結，冒險犯難來完成確保臺、澎、金、馬，光復大陸河山的神聖歷史任務。

9月4日　星期二

上午

十時，主持軍事會談。

9月5日　星期三

上午

九時，主持中常會。

下午

四時三十分，在府接見參加世界少棒賽獲得冠軍之中華朴子隊，勉勵隊員們，繼續磨練球技，認真讀書，創造個人成功的事業，對國家作更大的貢獻。並以先總統蔣公紀念銅像和「辭源」，分贈每一位隊職員。

9月6日　星期四

下午

三時，主持中央工作會議。

9 月 7 日至 8 日　星期五至六
【無記載】

9 月 9 日　星期日
上午

十一時十五分,至大溪普濟堂,參觀前頒贈該廟之一尊古銅關公神像。

十一時三十分,至大溪鎮長黃斌璋寓所,就農民生產成本高利潤薄之原因,向黃鎮長作約四十分鐘之詢問,以備作中央即將實施保證農業生產百分之二十純利益新農業政策之參考。

下午

至復興鄉,訪問鄉民代表李清安,對其經營五穀飼料行之方法與利潤,曾詳加詢問。

9 月 10 日　星期一
【無記載】

9 月 11 日　星期二
上午

九時三十分,在府接見美國阿肯色州貿易訪華團柯林敦州長等。

十時,主持財經會談。於聽取經濟情勢報告後,希望各部會首長繼續努力,達成今年的成長目標。

9月12日　星期三

上午

八時十五分，在府約見六十八年度十大傑出農家陳德發
等。讚佩農友對國家社會所作的貢獻，並期望農友們改
進技術，擴大生產，增加收益，改善生活。

八時四十五分，約見淡江文理學院院長張建邦。

九時，主持中常會，核定王孟顯出使巴拉圭。會後，見
孫運璿、蔣彥士、宋長志等。

十一時四十分，見組織工作會主任陳履安。

下午

四時，在府以茶會款待三十五位參加連體嬰分割手術工
作人員，嘉許彼等團隊合作之成就。

接見十大傑出農家名單

陳德發	顏丁全	洪漏富	李清秋	吳祥和
蔡木象	曾雷強	葉通海	陳國仕	李錫明

接見連體嬰分割手術工作人員名單

臺大醫學院院長	彭明聰			
臺大醫院院長	楊思標			
臺大醫院副院長	曾文賓			
工作小組召集人	洪啟仁			
小兒外科醫師	洪文宗	陳秋江	陳維昭	葉明倫
一般外科醫師	陳楷模	李治學	魏達成	王世名
	張金堅			

泌尿外科醫師	許德金	蔡崇璋		
骨科醫師	陳漢廷	劉堂桂	劉華昌	
整形外科醫師	陳明庭	林佐武	李伯皇	
放射線科醫師	徐劍耀			
心臟外科醫師	蔡長和	楊友任		
麻醉科醫師	趙繼慶	石全美	陳月女	林珍榮
	劉健強	關榮輝	葉淑芳	劉秀美
護理部	張景妹	周顯承	孫文仙	

9月13日　星期四

上午

九時三十分，在府接見法國總統亞洲特使米索夫。

十時，見軍方調職人員唐崇傑等二十一人。

下午

四時，至農業發展委員會，主持農業問題座談，指示該會針對當前本省農業發展所遭遇之基本問題，立即研擬五年計劃，致力提高農民收益，使我們農業繼續成長。

農業問題座談指示

一、一個國家的政府如果能夠解決農業問題，才能解決整個社會經濟問題，共匪用「搶產」和「分產」的方法來搞農業，無法使農民對生產發生興趣，於是農業的衰退便成為共匪經濟上的致命傷。三十多年來，中華民國農業上的成就是顧及農民利益的結果，今後更應朝這個方向去做，使我們的農業繼續

成長。

二、農委會應針對人口增加，土地資源有限；農場經營
　　規模過小與農業勞動力生產力偏低等基本問題，立
　　即研擬五年計畫，逐步實施，解決農業相對所得偏
　　低的現象。

9月14日　星期五

上午

八時五十分，至臺北市立殯儀館弔祭總統府資政王雲五
先生之喪。

9月15日　星期六

上午

上午十一時，見中央社駐韓特派員李在方。

中央社洛杉磯今日專電：美國人支持自由中國協會已選
蔣經國總統為一九七九年維護自由領袖。

9月16日　星期日

上午

八時四十分，至國立歷史博物館，觀賞陳立夫先生伉儷
書畫及著作展，並向陳氏伉儷殷殷致意。

九時三十分，蒞臨臺北縣，首先參觀該縣六十八年全縣
及後備軍人聯合運動大會，祝福大家身體健康，家家平
安。

十一時二十分，由縣長邵恩新陪同，先後巡視三峽白雞

行修宮、成福駱駝潭、新店青潭堰、石碇小格頭、坪林鄉公所及街上商店等處。在巡視後，曾提示邵縣長要加強農村建設，增闢產業道路以解決農村交通問題，並降低農產品成本，以增加農民收益。

下午

三時三十分，返回臺北。

9 月 17 日　星期一

上午

十一時，在臺北賓館主持本黨中央委員會為陳立夫先生暨夫人八十雙壽所舉行之茶會。並以中山獎章致贈陳立夫先生，由主席親為佩贈。

9 月 18 日　星期二

上午

十時三十分，見俞國華。

下午

四時，見張繼正。

四時三十分，見馬樹禮。

五時，接見連體嬰分割手術的醫護工作人員，並以茶點款待。對他們參與手術工作的辛勞以及所表現的團體精神，表示慰勉。

五時二十分，見孫義宣。

六時，見李登輝。

9月19日　星期三

上午

九時，主持中常會，

（一）決定第十一屆四中全會於今年十二月十日召開。

（二）通過主席交議請行政院分期編列預算，舉辦與民
　　　眾生活有密切關係之小型建設。

此外並提示，中小學教師座談會之舉行，以後可以每年
寒暑假各辦理一次，務期每一位教師都有機會能參加。

會後，見宋時選。

晚間

接見甫自沙烏地阿拉伯王國訪問歸國之孫運璿院長及代
表團一行，並聽取孫院長對訪問沙國經過之詳細報告。
隨後指示孫院長對今後加強中沙各項合作事項，應全力
以赴，藉以增進中沙兩國間固有的睦誼。

中常會交議議案六項

一、整修偏僻地區村里道路及排水溝渠、消除髒亂，並
　　裝設路燈及公用電話，以改善民眾居住環境。

二、尚無自來水供應地區，儘速接管供應或建設簡易自
　　來水，解決民眾飲用水問題；少數尚無電燈地區，
　　亦宜早日設法供應。

三、充實偏遠地區醫療保健設施，多辦巡迴醫療服務，
　　方便民眾就醫，以維護民眾健康。

四、修建並充實各地體育場及民眾活動中心，以供青
　　年、勞工、農漁民及一般民眾休閒活動之用。

五、修建偏遠地區產業道路、橋梁、與高速公路聯結道
　　路，以利交通運輸。

六、興建攤販市場，以收容流動攤販。

9 月 20 日　星期四

上午

十時，分二批見軍方調職人員張墨林等十九人。

十時三十分，見青年戰士報記者洪錦福，並批示「登
記」。

十一時，接見美國夏威夷州檀香山市長法西夫婦。

總統府簽條

青年戰士報記者

洪錦福　三十歲　屏東縣人

政戰學校十九期畢業

曾任排長、輔導長、軍聞社記者

批示：登記

9 月 21 日　星期五

今日蒞臨馬祖列島，深入基層，慰勉軍民。對地方建設
與戰地防務的飛躍進步，表示欣慰，認為足以作為國家
建設整體進步的範例。

9 月 22 日　星期六

今日自馬祖返回臺北。

9月23日　星期日
【無記載】

9月24日　星期一
上午

九時，在三軍軍官俱樂部主持大專院校黨部主任委員座談會暨北、中、南部知識青年黨部主任委員宣誓。

9月25日　星期二
上午

十時，親臨成功基地，主持六十九年度大專學生暑期集訓第二梯次結訓典禮，期勉人人都做英雄豪傑，扭轉歷史，奮發團結，轟轟烈烈完成復國建國大業。

六十九年度大專學生暑期集訓
第二梯次結訓典禮會餐講話

今天六十九年度大專學生暑期集訓第二梯次結訓，從大家表現的振奮的精神、齊一的動作和昂揚英武的氣概，可以看出，大家在成功嶺接受了六個星期文武合一的教育訓練，已經有了非常優良的成績，經國內心感到十分欣慰。

青年同學們！你們大家是在安定中成長的一群，沒有經過戰亂，而有國家的教育栽培和家庭的溫暖照顧，可說是最幸福的一代，但是大家也都瞭解，青年是新生的一代，對國家、對社會、對家庭有著重大的責任要來擔負，有重大的任務要來完成，不能忘記救國救民的

神聖使命。所以大家來到成功嶺，也就是接受一種現代化的教育，要成為允文允武的青年，成為國家建設的中堅，成為國家社會的棟樑。

前幾天，我到馬祖列島去訪問，距我上次去訪問，不到半年的時間，但是地方建設和軍事防務，又有了許多顯著的進步，這種進步的情形，在金門、在澎湖，也同樣可以看到，在在都使我感覺到，我們國家建設確實在加速的發展之中，這份成就是臺澎金馬復興基地，人人心與力的投注、血與汗的累積，證明在我們政府與民眾精誠合作下，實在是奮發有為的，是為人所不可輕侮的，更是為任何橫逆所不能搖撼的。

同時，使我印象深刻的，我和許多官兵同志交談，他們都是從成功嶺以及其他各軍種各基地接受了文武合一的教育訓練，進入部隊為國服役的。在他們的面容上、言談中，充份表露了「救國救民、捨我其誰」的英勇氣概，他們對於勤務的認真、紀律的嚴守、戰技的辛勤磨練，更顯示了那份對責任的執著、那份對革命信念的堅持，尤其證明了我們文武合一教育訓練的成就，證明國民革命軍士氣如虹，證明我們這一代的中國青年經得起風浪、衝得破逆境、挑得起重擔。

回航那天，我在軍艦上，和弟兄們在一起，我把一頂運動帽戴在一位弟兄的頭上，他們也搶著把軍帽戴在我頭上，我們大家都興奮、都感動、都歡笑，當我們握起手來，覺得有一股溫暖的力量，彼此迴流，彼此激盪，這是一股青春活力，這是一支大有為的民族的生命力。

　　所以我還回想到，那天在馬祖軍中，有很多位弟兄對我說，我來到前線，鼓舞了大家的精神意志，我笑著向他們說，與其說是我來這裡鼓舞了大家，不如說是，我看到大家的進步，對我是一種莫大的鼓舞。同樣地，今天我來成功嶺，看到大家這樣的優良成績，也使我的精神意志，有了一番新的鼓舞。

　　青年同學們！今天我們雖仍在艱難的環境，卻決不氣餒，決不妥協，而且正一心一德，奮發圖強，加速建設，這就是說，今天我們正處於歷史上轉弱為強、轉敗為勝的關鍵時刻，中國歷史上的英雄豪傑，都是使國家民族轉弱為強、轉敗為勝的人物，今天我們中國青年們，都要人人以扭轉歷史的英雄豪傑自矢自勵，國家至上，民族至上，堅忍沉著，自立自強。

　　大家知道，大陸共匪倒行逆施，人民痛苦，三十年來的血腥統治，是為它自己挖掘了墳墓。今天我們在臺澎金馬，就已經以我們自由、民主、豐足的三民主義新建設的型態，成為大陸匪區黑暗統治的強烈的對比，使三民主義深入大陸人心，更以我們的血性良知、智慧能力，來協助大陸人民，加速匪偽政權的崩潰滅亡。

　　乘這個機會，我還要為青年同學們指出一點，大體說來，青年有幾種特性，這幾種特性，是青年成功之本，但有時亦為失敗之因，所以必須善為操持。其一是青年們的心靈純潔可愛，如同白紙，所以要能明是非，辨善惡，走大道，行正路，進德修業，成為有用之材；其一是有衝勁，有衝勁善用之則發為進取心、為創造力，不能善用，則淪為衝動、為盲動，而誤入歧途，所

以要能動心忍性,善自節制,使衝勁成為有為有守、蓬勃奮進的青春活力;其一為正義感,正義感是青年造福社會、貢獻國家最基本的心態,而正義感的發揮,要有理性,要多思考,亦即是要有中心思想,中心思想是行動的導師、人生的指南針、一切作為的方向盤,思想正確,即必行動正確,而其正義感之發揮,必能真正有益於社會人類。

同時,我還希望青年同學們,要能不忘本、不忘恩。所謂不忘本,就是不忘國家民族文化的根本,以作一個真正有為的中國人為榮,以繼起奮發來延續中華文化為榮;所謂不忘恩,就是不忘父母、師長、朋友和社會大眾的恩惠,因為我們的成長教育,直接受恩於父母師長,而間接的更為朋友、為社會大眾所加之於我們的恩惠,人人能飲水思源,不忘其本,能感激圖報,不忘其恩;那就是有中心思想、有良知血性的人,就必能體現出理性、德性和群性,必能擔當得起扭轉歷史的重責大任!

總之,我們中國青年們,大家要在時代的洪爐中,以德業學問鍛鍊自己,以光和熱來照亮他人。如此,復國建國的光輝大業,必定在我們這一代青年的手裡,轟轟烈烈的完成。

最後祝大家健康!進步!勝利!成功!

9月26日　星期三

上午

八時三十分,在中央黨部見孫運璿、張寶樹。

九時，主持中常會。

9月27日　星期四
上午

九時，至市立殯儀館弔祭監察委員張維翰之喪，並向張
故委員之家屬致唁。

十時，在府接見前美軍協防司令貝善誼。

十一時，至自由之家，向中美經濟合作策進會理事長張
茲闓祝賀其八十壽辰。

9月28日　星期五
上午

十時，在府內大禮堂主持中樞大成至聖先師孔子誕辰紀
念典禮。由孔資政德成報告孔子的生平與其學說。

中午

教育部在三軍軍官俱樂部舉行餐會，歡宴資深優良教師
代表五百多人。總統特親臨餐會致詞，勗勉全國教師，
導引青年正確方向，貫徹國家教育宗旨。

教育部歡宴資深優良教師餐會致詞

今天是民國六十八年教師節。首先我要藉這個機
會，對全國所有教師們研究教學的辛勞，表示無限的敬
意和謝忱。

語云「良師興國」，這在中外各國各時代的歷史，
無不皆然。任何國家民族，只要有良好的教育、良好的

教師，即使一時有其橫逆危難，最後必能轉敗為勝，轉弱為強。所以教育事業，是建國的根本，更是救亡圖存、中興再盛、扭轉歷史的偉大力量。

我們中國幾千年來立國的大經，就是植根於教育事業，而中國之為文化大國，也就是由於我們民族文化有良好的教育作為支柱的原故。孔子為萬世師表，這個意義是多元的，是包含了文化、教育、政治、社會各方面的意義的。

經國近年來到國內各級學校去參觀訪問，也和許多的教師們晤談，深深感到我們國家民族良好的教育傳統精神，由於我們全國教師們孜孜不倦的努力，正在繼續的發揚光大，這正是今天國家民族由剝而復、中興再盛的契機。因此我們對於「良師興國」、「教育國之本」的觀念和信心，更為深刻，也更加堅確。

西方思想家認為「教育是廉價的國防」，這固然是強調教育對於國家、對於國防的重要，但是我個人認為全國的教師們，焚膏繼晷、心血貫注，這種精神代價太大了，這種犧牲力量太大了，實在教育事業乃是「無價的國防」，也可以說「沒有教育，即沒有國防，也沒有國家建設。」

長遠的不說，最近一兩年，我在教育界幾位老朋友、老教授，如沈剛伯、方東美、李濟之、屈萬里、李抱忱、宗孝忱、馬廷英……等先生，相繼去世，他們沒有一位不是以畢生心血貢獻於教育學術事業，清高自持，栽成千計，最近王雲五先生以高齡逝世，國人對他一生最追懷的，就是他的出版事業和教育精神。現在我

們各級學校中的教師，不都是以同樣的熱忱忘事，為教
育下一代而犧牲奉獻嗎？

　　我在鄉鎮的國民中學小學和職業學校訪問的時候，
常常遇到感人心弦的事情，有很多次，我看到學校的校
長和教師，利用假日，整頓校園、準備教具，訪問學生
家庭，協助地方文化活動，辛辛苦苦的卻又快快樂樂的
工作。他們為了什麼？他們為了下一代的教育，這些豈
不都是無價的精神力量麼？這份為教育奉獻的精誠，到
處都可看到，這就是民族新生的希望。

　　先總統蔣公追隨國父革命，一生勳業，是偉大的政
治家、偉大的軍事家，但又辦過文武大學和其他學校，
也是一位以切實辦學校「振好學之風，立力行之基」的
偉大教育家。正因如此，先總統蔣公最重視教育工作，
更敬重教師。我只講兩件故事為例，先總統蔣公的生
活，自奉非常儉樸，但每次款待教師，必求豐盛。記得
有一年春天，請年長的教師吃飯，開了五桌，飯後責備
廚師說，魚翅那道菜不夠量，也不夠爛，認為不夠對教
師的誠敬。在民國五十七年，政府實施九年國民教育，
先總統蔣公向全國宣布這件事情的時候，寫了講稿，一
再斟酌，錄音前幾分鐘，還拿起筆一再修改；錄音之
後，又一再的聽錄音帶，當時特別講到，這是關繫國家
百年大計的大事，如何能不鄭重。

　　因此我們也可以體認到先總統蔣公所說有關教育的
一段話。蔣公說，「教育事業，即是神聖的事業，亦即
是聖賢的事業，惟聖賢才能感化他人，才能使一般受教
者循乎正道，完滿發育，以達到聖神功化的極致。」這

一段話，何等深切，何等感人！當然也可由此認識到教師們的犧牲奉獻，於己為神聖的事業，而其對於國家民族的重要貢獻，那就真正是感化他人成德達材的聖賢事業。

各位教師先生：在民國十八年公布新的「中華民國教育宗旨及其實施方針」，到今年正好五十年。這項教育宗旨，是「中華民國之教育，根據三民主義，以充實人民生活，扶植社會生存，發展國民生計，延續民族生命為目的，務期民族獨立、民權普遍、民生發展，以促進世界大同。」五十年來，我們的教育政策和教育設施，都是以貫徹這一宗旨而釐訂實施，已經有了非常重大的成就，這是全國教師們智慧心血累積的卓越成績。也由於有了這一重大成就和卓越成績，使我們的「國民合成心力」，能夠抵抗外侮、敉平內患、改變逆境、建設統一。

但是到了今天，一方面由於國家民族再次遭遇艱難險阻，另一方面，又由於東西文化的濡化、時代潮流的動變、社會結構的變化，於是思想觀念、價值標準、行為模式，亦多隨之改變。因此我們教育工作，在政策上、在作法上，固然要能切合復國建國的需要，同時還要在思想觀念、價值標準、行為模式的紛紜變化之中，堅確操持，移風易俗，導引青年正確的方向，貫徹國家教育的宗旨，樹立國之根本，清大道之正源，實在是當務之急。

檢討起來，當前我們的教育工作，還是有其缺點弱點的，甚至有為國人所詬病的，而且也是所有從事教育

工作者認為確有缺失的。因此，政府對於教育工作的各方面，時時刻刻都要檢討策進，諸如教育行政和學校行政的加強改善，公私立各級學校教師的生活改進、文化建設和教育事業的增加投資，學校教育和社會教育的配合互進，教育風氣和政治風氣社會風氣的同時改革、科學教育、品德教育、民族精神教育的相輔相成……都是重要的作為。如此才能使得「教育建設即國家建設」的理想和觀念，真正促進教育事業的良好發展。同時我們教育工作同仁「良師興國」的共同的理想，當然更是在倡導優良的學風，尊嚴的師道，不斷的研究革新。

有一位學者說「哲學與教育的目的，在於把每一天都看成黎明，每一項挑戰都看成機會，每一樣困難都看成考驗，而把每一種成就，看成人類不屈服的創造性的象徵。」今天我們有共匪敵人的統戰，有國際政治經濟的衝擊，有世界文明的挑戰，正因我們的奮鬥哲學與精神教育是把每一天都看成黎明，每一項挑戰都看成機會，每一樣困難都看成考驗，所以我們要迎接挑戰，突破困難，接受考驗，而把全力貫注於我們國家根本的問題，也就是要在安定、團結、革新、進步的基礎上，致力教育事業的建設，加速復國建國的進程。這一成就，就是我們不妥協、不屈服、轉弱為強、必勝必成的「創造性的象徵」。

各位教師先生，今天我們申致共同願望，就是政府和教育工作同仁，一齊為神聖的教育事業而全力奮鬥！

敬祝全國教師們身體健康，家庭快樂，事業成功。

9 月 29 日至 30 日　星期六至日

【無記載】

10月1日　星期一
上午

九時二十分，至臺北市中山南路火災現場巡視，指示有關單位，儘速妥善安置受災的市民。

十時，見溫哈熊。

下午

四時，見新任臺灣省新聞處長鍾振宏。

四時三十分，見國際青年商會世界總會主席格拉。

五時，見烏鉞。

五時三十分，見毛瀛初。

10月2日　星期二
上午

九時，在府接見第十七屆十大傑出青年——蔡義本、何懷碩、楊仁壽、洪濬哲、楊朝勝、黃永松、邱耀宗、王秋郎、陳維昭及趙守博等，勉勵大家繼續努力，創造更大成就，為國家貢獻為社會服務。

十時，主持軍事會談。

下午

五時，在大直寓所以茶會款待戚烈拉將軍等。

10月3日　星期三
上午

九時，主持中常會。期望海內外同胞，認清匪偽三十年

血腥統治事實，注視大陸愈變愈亂情況，堅定奮發，協
助大陸同胞爭取自由。此外指出，僑胞回國參觀訪問，
可以充分看出僑胞的偉大愛國情操，希望國內各界予以
溫暖親切的接待。

10 月 4 日　星期四
下午

三時，主持中央工作會議。對若干有關當前基本政策
（肆應共匪所搞「和談」問題，不許成立新政黨問題、
恢復中央民意代表選舉問題以及加強中央民意機構功能
問題等）的幾個不變原則，對全黨幹部同志和從政黨員
有所指示。

四時三十分，赴角板山。

10 月 5 日　星期五　中秋節
上午

九時半，抵慈湖，瞻謁蔣公陵寢行禮致敬。

下午

四時，與夫人在大直寓所舉行中秋茶會，款待張羣先
生、何應欽先生、張大千先生夫婦、黃少谷先生夫婦、
張學良先生夫婦、馬紀壯先生夫婦、張寶樹先生夫婦等
多人，閒話家常，共度佳節。

10 月 6 日　星期六

上午

八時，在圓山飯店進早餐。（與戚烈拉將軍）

蒞臨金門訪問，向軍民賀節。並與軍政幹部會餐，期勉大家加速建設，強化戰備，完成復國建國使命。

10 月 7 日　星期日

中午

十一時半，自金飛抵臺北。

10 月 8 日　星期一

上午

十時，主持國家安全會議，以行政院會議決定擴充領海設立經濟海域一案，交會討論，作成決定，並裁示由各主管機關迅即切實辦理。隨後即明令公布實施。

10 月 9 日　星期二

上午

十時，在府接見美國西佛羅里達州大學校長羅賓遜等，接受該校贈授之榮譽法學博士學位。

總統於致答詞中，強調中美人文科技學術交流，應擴大範圍，積極進行，希望中美兩國作共同努力。

下午

二時三十分，至中華體育文化活動中心，參加為歡迎回國僑胞而舉行之四海同心團結自強大會，對僑胞之愛國

情操深致嘉許，期望大家結合力量，重建自由化、民主化、中國化的真正中國大陸。

四時十五分，大會所有的表演節目結束後，總統於全體起立及掌聲中檢閱了參加演出的隊伍，並繞場一週向大家致意後離去。隨後至敦化北路巡視六十八年外銷電子展售會。

西佛羅里達州大學校董會董事長賈德納
宣讀榮譽學位頌辭

蔣總統經國先生——一位傑出父親與世界人物的哲嗣；一位早歲留學海外，親身體驗過被剝奪個人自由，歷經不同國度與文化的青年學子；一位精嫻政黨政治與政府組織藝術的專家；一位具有統御藝術與領袖性格的不凡人物；一位民主、國家獨立、社會福利的堅強維護者；一位堅強不屈的反共者；一位國際瞭解的促進者，經由學者的交換，西佛羅里達州大學肯定了閣下在處理世界事務上的傑出成就，與對吾校師生所產生的啟示作用。吾校校園建於廣袤的高大松林間，而松樹正是中國人大無畏勇氣的象徵。位於海畔河口山丘叢林間的吾校，深深引以為榮。謹頌讚閣下為仁道而戮力的勇氣，並奉贈名譽法學博士學位，藉酬勳勞。

10 月 10 日　星期三

今日發表雙十國慶祝詞。期勉全民團結自強，為光復大陸奮戰到底。

上午

九時，在府內大禮堂主持中樞紀念國慶典禮。

九時三十分，接見駐華使節及訪華外賓一百餘人，並接受彼等對中華民國六十八年雙十國慶之祝賀。

十時廿五分，在府前廣場全國各界慶祝國慶大會中，接受全民獻機代表團呈獻之F5E戰鬥機模型。是時空軍自強中隊亦編隊飛過慶祝大會上空，向總統致敬。總統並致詞期勉全民加速國家建設步伐，迎向光明勝利的明天。隨後即檢閱自強遊行隊伍。

今日致函三軍官兵，嘉勉其戰備辛勞，希望不斷的革新、動員、戰鬥，完成國家民族神聖責任。

今日指示將旅泰僑領范錫麟先生呈獻之水晶船一座，轉頒海軍官兵，以勉勵其發揮「同舟共濟」之團隊精神。

國慶祝詞

中華民國過去六十八年這一段時期，是歷經千辛萬苦，克服了無數困難，百折不回，打敗了無數敵人，用血汗與淚水凝聚而成一部光榮的、奮鬥的歷史。在這期間，我們曾有勝利，也曾有失敗，但在國父和總統蔣公的領導之下，以及全國同胞的精誠團結，不屈不撓，犧牲奮鬥，終能突破一個又一個的難關，一次又一次的轉危為安、轉敗為勝。這是辛亥力量的延續，雙十精神的發揚！

今天我們又在艱困的時刻，但必然也是再一次轉機

的時刻，因為我們在這自由復興基地，已經建立了牢不可破的反共堡壘，奠定了堅強壯大的復國基礎，我們每個人懷抱著比前更大的信心，充滿著比前更大的希望，正準備作最後的努力，為反對共產暴政、爭取自由人權，贏得民族復興的最後勝利。

我們的政府雖然離開了大陸，但是我們源遠流長的民族文化、大同博愛的三民主義思想、以及愈挫愈奮的雙十精神，都還根深蒂固留在大陸同胞每人的心裡，並且正在日益發揚光大。所以經過三十年共黨殘酷壓迫之後，現在大陸同胞已經抬起頭來，面向自由復興基地的臺灣，要求能過臺灣一樣的生活；振起臂來，要在三民主義的旗幟之下，反抗共產暴政。事實上，今天我們的心和大陸同胞的心已經緊密的連在一起了，不久的將來，我們的手和大陸同胞的手一定也會牢牢的握在一起，高舉青天白日滿地紅的國旗，發出民族復興的萬丈光芒！

今天在此慶祝六十八年的雙十國慶，中華民國政府和人民決以無比的信心和勇氣，不顧一切內憂外患，本著國父和總統蔣公領導國民革命堅苦卓絕的精神，團結自強，為消滅共產暴政、光復大陸、統一中國，奮鬥到底、戰鬥到底！

讓我們一同祝福中華民國前途光明，國運昌隆。也讓我們來齊聲高呼：三民主義萬歲！中華民國萬歲！

國慶大會致詞
親愛的同胞們：

　　今天是中華民國六十八年的雙十國慶，在全國各界慶祝國慶大會上，我們舉行全民獻機典禮，並且看到空軍自強中隊的編隊飛行，實在具有非常重大的意義，這是我們全體同胞自強愛國的精神和意志的高度發揚，這是我們愈在艱難、愈能意志集中、力量集中的民族大義的最高表現。因為我們全體同胞在國家遭受重重挫折的時刻。

——拿出了人力、物力和財力

——拿出了決心、勇氣和信心

——拿出了忠肝熱血、義無反顧的救國行動。

　　這一切就都充分的證明了我們復興基地經得起風浪，受得住衝擊，又能在風浪衝擊中站立起來，又能在挫折打擊之後，再造中興復國的機勢和力量。我們堅決的相信一定能夠爭得最後的光榮勝利。

　　親愛的同胞們！就在大陸共匪愈變愈亂、而我們愈挫愈奮的時刻，我們有著海外同胞的堅定支持，有著復興基地軍民同胞的堅忍奮發，更有著大陸同胞的含辛忍苦，響應協助，我們海內海外敵前敵後的愛國精誠和行動，證明反共一定勝利，大陸一定光復！

　　現在獻機典禮結束，自強遊行就要開始

——我要向國防戰線上矢勤矢勇的三軍官兵表示慰勉之意。

——我要向國家建設各崗位上的工作同胞，和生產戰線上的農工商業同胞表示敬佩之意。

——我更要代表政府向海內海外全體同胞申致無限的敬意和謝忱。

親愛的同胞們！讓我們加速國家建設的步伐，以今天眾志成城的奮鬥，迎向光明勝利的明天！我們一齊高呼：復國建國勝利成功萬歲！三民主義萬歲！中華民國萬歲！

10 月 11 日　星期四
上午

十時起，在府先後接見宏都拉斯國防及公安部長蘭達上校夫婦；美國奧勒岡州友好訪華團艾提葉州長等一行；以及來華參加我國國慶之美國退役將領米爾頓上將（含菲律賓退伍軍人協會總會長馬京將軍在內）等十一人。

下午

四時起，分別接見美國北達科他州州長林克夫婦等六人；美國內布拉斯加州副州長陸德凱夫婦；哥倫比亞三軍總司令沙彌安多上將夫婦等六人；以及薩爾瓦多國會議長艾契瓦里亞夫婦等。

10 月 12 日　星期五
上午

八時五十分，乘車循北濱公路赴蘇澳港。

十時四十分，抵達該港大樓，聽取工程簡報。午餐後在港區內驅車巡視了中心礁、外廓防波堤、蘭陽隧道以及北方澳等處。

下午

二時許，離去。

10月13日　星期六
上午

九時五十分，至中央氣象局，詢問有關狄普颱風之動
態，並慰問氣象人員。

10月14日　星期日
【無記載】

10月15日　星期一
上午

十時許，見易勁秋。

10月16日　星期二
上午

九時三十分，見陳履安。

十時，主持財經會談，指示政府有關部門，及早策劃明
年所需石油，充分掌握可靠來源；積極提高產品品質，
肆應國際競爭；對基層建設，應全面推動，適時完成，
以改善人民生活環境。

十一時三十分，見韓其澤。

財經會談指示
一、為因應當前國際經濟情勢變化，我對外貿易不宜過

份集中，應積極拓展新市場，採取有效措施，在各
地廣設推銷機構，努力推銷我產品。

二、今後我產品外銷，不僅要求量的擴大，更應謀求品
質的提高，積極引進新技術，加強獎勵國內發明，
政府研究機構應以提高產品品質為第一要務，使今
後我外銷品符合國際標準，成為第一流商品，方能
肆應未來國際市場的競爭。

三、中央銀行所撥出之新臺幣五十億元，供各銀行對中
小企業之轉融資，此不僅表示政府重視中小企業，
也是求均富的重要措施之一，今後尚應繼續辦理。

四、在國際間石油供應短缺情況下，我國由於各方的努
力，今年供應量尚能較去年同期增加。明年所需石
油，尤須早為策劃，充分掌握可靠來源，俾能供應
所需。

五、最近行政院決定加強基層建設，使人民直接享受到
建設的成果，應予全面推動，並盼各級政府認真辦
理，地方人士配合支持，務使此項工作順利進行，
適時完成，以改善人民生活環境。

六、近來國內經濟情況正常，物價亦漸趨穩定，惟今後
仍應注意國際經濟之變化，隨時採取適當措施，以
期穩定中力求進步，切望各方面，多加協調改革，
達成本年度經濟成長之目標。

10 月 17 日　星期三

上午

九時，主持中常會。提示臺北市長李登輝，對大臺北市

今後的建設工作，有籌建公眾體育館、自來水可生飲、
注意都市的樸素整潔以及嚴懲貪污不法等事項。
十一時，在黨部見聯合報發行人王必成。

今天獲悉中央氣象局技正羅字振，勤公瘁逝，深為悼
念，特派員唁慰其家屬，致贈賻金五萬元；並致函該局
局長劉大年，囑即辦理羅技正喪事，並善為照顧其家屬
生活。

下午
七時，在圓山飯店以晚餐款待戚烈拉夫婦。

對大臺北市建設工作意見

一、計畫籌建一個可以容納五萬人到十萬人的公眾體育
　　館，館內的設備，應一切符合現代化要求，以及科
　　學化管理。
二、中正紀念堂的音樂廳與戲劇廳，應協同有關方面儘
　　速完成，以應國民身心活動的共同需要。
三、自來水應提早達到生飲的標準，以符合一個現代化
　　社會的要求。
四、大臺北市除應做到「安和樂利」外，尚須注意「樸
　　素整潔」。
五、垃圾問題應求澈底根本解決。
六、每為基層民眾所詬病的若干事項，如極少數公職人
　　員貪污不法行為等，應依法嚴加懲處。

10 月 18 日　星期四

上午

十一時，接見美國作家麥克雪莉女士。

10 月 19 日　星期五

今日報載：美國聯邦地方法院法官蓋許就參議員高華德等所提對卡特總統的訴訟，於十七日判決，卡特總統未能事先獲得國會批准，終止美國和中華民國共同防禦條約的行動無效。

下午

五時，在府接見國際奧林匹克委員會主席基蘭寧夫婦等一行。彼此就若干問題，交換意見。

五時三十分，見高玉樹。

10 月 20 日　星期六

今日由秘書長馬紀壯及省府主席林洋港陪同，先後巡視了嘉義縣的朴子國小、布袋漁港、東石鄉公所；雲林縣的北港媽祖廟以及彰化縣的田尾鄉公路公園、員林鎮公所等地，瞭解農、漁、鹽民生活，與民眾親切晤談，並對地方建設有所指示。

10 月 21 日　星期日

上午

八時四十分，蒞臨臺灣區運動會大會場，受到全場觀眾的歡呼致敬。總統於遶場一週後，走上大會主席臺前，

向全場觀眾揮手致意，然後在如雷掌聲中離去。

10月22日　星期一
【無記載】

10月23日　星期二
上午

十時，主持軍事會談。

10月24日　星期三
上午

八時，親臨經濟部商品檢驗局大禮堂，參加經濟部顧問溫陵熊博士之追思會。

九時，主持中常會。提示有關單位：僑胞對國家及政府及赤忱支持，是復國最有力的保證，應根據僑胞的需要，盡量予以協助。

今日為臺灣光復三十四週年前夕，特發表談話，勉勵全體同胞，堅忍奮鬥，創造勝利，使三民主義福祉為全民所共享。

光復節前夕談話

親愛的同胞們：

　　臺灣光復節是一個光榮的節日，我們在這復興基地享受自由生活的每一個人都感到歡欣鼓舞。但是我們也不能忘記，這是由於全國同胞十四年的浴血奮戰，不屈不撓，犧牲奮鬥，才能贏得勝利，終使臺灣在三十四年

前的今天，重回到祖國懷抱，並且成了反共復國的自由
基地。

這一段史實告訴我們：成功絕無倖致，必須付出代
價。但同時也啟示我們：能夠堅持信心，就能突破困
難；能夠堅忍奮鬥，就能創造勝利。而中華民族團結自
強所發生的力量，便是突破困難創造勝利的保證。

三十多年來，我們在臺灣復興基地，以自立自強精
神，積極實踐三民主義，加速國家建設，創造了自由繁
榮、安和樂利，真正符合中國人願望的政治、經濟、社
會制度，也繪出了未來重建大陸為三民主義新中國的藍
圖，因而燃亮了大陸同胞的希望，加強了海內外同胞的
信心，也更加肯定了我們擊潰共匪暴政的必然性，這是
我們突破最後困難，創造最後勝利的一個最後關鍵，也
是我們身在自由復興基地每一個人的神聖使命。

親愛的同胞們，任何一項使命愈接近完成，常會遭
遇愈嚴格的考驗。所以我們決不能掉以輕心，而要格外
惕勵，隨時準備接受挑戰，來通過更嚴格的考驗，突破
最後最大的難關。先總統蔣公曾說：「偉大的勝利，所
需努力奮鬥的時間之長度，常與其歷史的重要性成正比
例。」我們知道我們的使命不是一蹴可幾的，然而想到
這一歷史的重要性，實在關係國家民族的興亡，自當更
加堅決地為贏得這場偉大的勝利，而加倍努力奮鬥。

讓我們大家重申信念：我們今天既可以慶祝臺灣的
光復，我們也就必有一天能慶祝大陸的重光，使青天白
日滿地紅的國旗飄揚到全中國的每一角落，使三民主義
的福祉能為中華全民所共享。

10月25日　星期四
下午

四時三十五分，蒞臨臺中市國立中興大學，參加臺灣省慶祝光復三十四週年酒會，受到中外人士的熱烈歡迎。總統與一千多名中外來賓共同舉杯，祝賀臺灣的繁榮進步，祝福我國國運昌隆。

10月26日　星期五
下午

四時，接見克萊恩教授。

五時五十五分，至桃園中正機場歡迎李光耀總理夫婦。

大韓民國朴正熙大統領本日下午遇刺逝世。

10月27日　星期六
今日上午分電韓國崔圭夏代大統領及朴故大統領女公子朴槿惠小姐致唁。

上午

十時半，舉行會談。

十一時四十分許，偕行政院長孫運璿、外交部長蔣彥士前往韓國駐華大使館簽名致唁。

10月28日　星期日
上午

十時三十分，至圓山飯店訪晤李光耀總理。

十一時三十分，在圓山飯店以午餐款待李總理夫婦等。

下午

一時四十分，至桃園國際機場歡送李光耀總理夫婦離去。

10 月 29 日　星期一

下午

五時，見楚崧秋。

五時三十分，見李國鼎。

10 月 30 日　星期二

上午

九時，見俞國華。

十時，主持財經會談。提示財經部門要積極辦理基層建設，鼓勵國民儲蓄，設法拓展歐洲貿易市場以及歡迎西歐國家來設商務機構及銀行等事項。

今日發表「十月有感」專文，懷念先總統蔣公一生德業與革命精神，期勉國人遵循遺訓，團結奮鬥，求革新、求進步、求勝利、求成功！

今日特派行政院長孫運璿為中華民國參加大韓民國朴正熙大統領國葬儀式特使。

十月有感──父親九三誕辰紀念抒憶

一、

　　今年雙十國慶清晨，天色方曙，輕飄細雨，雲層濃

厚，濛濛中籠罩著一層灰暗，然而一到上午十時左右，二十萬軍民同胞齊集的慶祝國慶大會開始，初則雨霽雲散，碧空如洗，接著麗日當空，陽光徹照。全國同胞所捐獻國家的自強中隊飛機，編隊飛行，劃空而過，一時號角齊鳴，歡聲雷動。這是同胞團結自強、愛國力量的展示，是反共復國、民族精神的聲威！

雙十國慶之後，隨之有臺灣光復節，由三十四年前大陸同胞以血汗光復臺灣的往事，人人都在展望我們臺澎金馬基地，合海內海外同胞的心力光復大陸的前景。可以說，今天人人都是志切反共，人人都是志切復國。

光復節那天，想到這三十四年來，臺灣地區由於三民主義的實踐，由於全體同胞智慧與血汗的投注，而有了今天的安定進步，而有了今天的建設規模，成為大陸同胞嚮往企求的生活方式，成為反共復國力量的基礎，父親在天之靈，是默然欣慰的，這正是父親革命的精誠志事貫徹了初衷。

回想這一年來，我們國家在國際上雖然遭遇的衝擊最嚴重，我們的處境也可說是最艱難，但是誰都看得出來，我們海內海外同胞所表現的民族性卻是最堅強，人人出錢出力，以精神、以智慧、以行動，共赴國難，我們且由此而有著為世人所重視的安定進步。而海外僑胞在十月慶典期間回國的比往年更多、更熱烈、更親切。同胞們在工作上齊心協力，埋頭苦幹，使國家建設一天比一天進步，國家力量亦一天比一天強大。

二、

透視歷史，臺灣地區的安定進步，要永懷三十年前

——民國三十八年十月二十五日金門古寧頭的光輝戰役。古寧頭戰役的勝利，扭轉了大陸反共戰爭的逆勢，重振了反共的力量，確保了基地的安全，而且使我們再次發出了民族復興的號角，開拓了革命復國的機勢。

記得在古寧頭戰役之前四十多天，即九月十三日，父親即指示湯恩伯將軍：「閩浙諸匪如要攻我海島根據地，其時期必在每月滿潮之時，即陰曆初十與二十之十日間，下月即為陰曆八月大潮汛，我軍務必特別加緊準備。」而十月二十四日黃昏，匪軍即向金門海面集結來犯，事實證明父親精確的判斷和遠見。

父親在匪軍進犯金門的前夕，又電令司令官：「必須就地督戰，負責盡職。」而由於國軍全體官兵奮勇用命，就在二十五日臺灣光復四週年那天，創下了古寧頭戰役的光榮戰績。

父親當時即說：「這是我們革命轉敗為勝的開始，是第一次把匪軍打得全軍覆沒，今後我們要在反共復國的基地，把三民主義好好的紮根。」

古寧頭戰役的勝利，是父親正確的戰略指導和妥善的軍事部署的成功；是全體將士協同一致、勇往直前的戰鬥的成功；是後方同胞精誠團結，支援鼓舞的成功。

三、

颱風甫過，小坐庭除，月在下弦，夜涼如水，想到今年的十月，似乎比往年倍增忙碌，而今年幾次颱風——尤其是狄普大颱風，挾驚人之勢，直撲而來，卻都在接近的邊緣轉向，使我們避過了重大的災害。這些可喜之事，使我頓忘身心的疲勞，而更集中心力於工作。

在這個十月當中，我到金馬外島和東部以及中、南部去
訪問，在農村、在漁港、在學校、在工廠、在市場、在
營房……到處看到同胞們家家生活安定，人人滿面笑
容，更使我內心感到無限安慰。同時以至誠之心，祈求
上蒼保佑大家平安。

實在，我們反共復國的航程，其間有驚濤駭浪，有
波瀾挫折，從無一刻平靜，從無一刻喘息，今天尤其是
我們堅持這段航程「行百里者半九十」的階段。而這一
航程，正是其始也陰霾密布、黑暗重重，繼之卻是雨
霽雲散，碧空如洗，最後則同今年雙十節的晨間一樣，
麗日當空，陽光徹照。這是由於長久以來我們在挫折中
絕不失望，在失敗後絕不灰心；而且能在挫折中從頭做
起，從失敗中奮起重生。今天為了反共復國，我們要付
出一切代價的犧牲，我們要記取一切血的經驗教訓。特
別是值此國難當頭之際，我們要更進一步，精誠團結，
肝膽相照，以國家民族為重，以全民利益為重，一切智
慧，集中反共，一切力量，集中復國，那就沒有不能克
服的困難，沒有打不倒的敵人。

四、

明天是父親九三誕辰，回想父親一生，追隨國父，
獻身革命，和邪惡搏鬥，和反革命勢力搏鬥，和帝國主
義、共產主義搏鬥，從不妥協，從不鬆懈，世人都認為
是一位「力行的革命家」、「一位反共的先知」、「一
位忘我的愛國者」。因為他不止是以生命、以行動，奉
獻於革命建國；更是以思想、以遠見，領導反共。

即以父親手著「蘇俄在中國」一書而言，國際間許

多有識之士，就都說「這本書每頁所表現的就是一個愛國者，一個把國家自由願望置於個人利害之上的人，來敘述一部慘痛的史實。」所以有的人稱這本書為一部「反共十字軍之經典。」實在從國民革命驚濤駭浪的航程來看，父視可說是一位仁者、智者、勇者的化身。他常說：

——許身革命，生死已置諸度外，毀譽更非所計；

——余既為革命而生，自當為革命而死；

——我眼看中華民國的危亡，怎能不揮淚前進？

的確，父親一生為革命、為反共、為建國、為世界和平，不僅「堅忍耐煩，勞怨不避」，「以國家興亡為己任」，而且每在艱難危險的時刻，忘身之危，艱苦奮鬥，堅持「我們只有悲憤，決不氣餒；我們只有前進，決不畏縮；我們只知為革命、為主義犧牲，對國家、對歷史負責，只見一義，不見生死。」

五、

近來我讀了錢賓四先生所著「中國歷史精神」一書，其中有一段話，非常精闢。他說：「有人問中國的文化精神是什麼呢？我認為中國文化精神，應稱為道德的精神。中國歷史乃由道德精神所形成，中國文化亦然。這一種道德精神乃是中國人所內心追求的一種做人的理想標準。乃是中國人所向前積極爭取蘄嚮到達的一種理想人格。」「中國文化乃以此種道德精神為中心。中國歷史乃以此種道德精神而演進。」「我稱此種道德精神為中國的歷史精神。即是沒有了此種道德精神，也將不會有此種的歷史。」

　　我在父親的思想和行為中間，細繹出來一番道理，就是父親一生，正就是「內心追求」這種道德精神，而且也實踐了這種道德精神；「積極爭取」這種理想人格，而且也圓成了這種理想人格。質言之，父親是以全部的生命、意志、思想、行為，來實踐、來體現這種文化精神。

　　今天在此國家危急存亡之秋，我們同志同仁都要以國難民苦為憂，以為國為民盡心盡力為榮，事事開誠布公，事事存誠務實，亦即是不計個人利害，而惟一心在公，一心貫注於國家利益、民眾利益之上，報國愛國，奮發圖強。並且要進而和全體同胞，一如總統蔣公所昭示的「在觀念上，確認團結才能生存；在行動上，更要能為生存而團結，」人人集結在青天白日滿地紅的國旗之下，「團結為一個整體，為國家民族的成敗榮辱、存亡絕續」來共同發揮民主自由的奮鬥精神，沉著堅定，一齊奮起，求革新、求進步、求勝利、求成功！

10月31日　星期三
今日為先總統蔣公九秩晉三誕辰。

上午
九時，中樞在國父紀念館舉行紀念會，由總統主持，謝副總統在會中報告蔣公復臺建臺的勛業。會後，總統率領中央文武官員及地方機關首長前往慈湖，恭謁蔣公陵寢致敬。

11 月 1 日　星期四

上午

九時三十分，在府內見美國名影星詹姆斯梅遜夫婦。

九時四十五分，見新加坡國防部長侯永昌。

十時，見軍方調職暨赴美進修返國人員陶光遠等二十五人。

下午

三時，主持中央工作會議。

11 月 2 日　星期五

【無記載】

11 月 3 日　星期六

上午

十時起，見薛人仰等六人

十一時，接見美國田納西州州長亞歷山大夫婦。

十一時三十分，接見伊麗沙白泰勒・華納夫人。

下午

六時，至慈湖謁陵。

11 月 4 日至 5 日　星期日至一

【無記載】

11月6日　星期二
上午

九時三十分，接見美國依伯斯公司總經理史卡羅拉等。

十時，主持軍事會談。

下午

四時，舉行座談。

11月7日　星期三
上午

九時，主持中常會。會後見谷正綱。

下午

四時三十分，在府接見哥斯大黎加第一副總統阿特曼夫婦等，以茶會款待。首先贈勳阿特曼副總統及哥國交通部長孟德思。並就促進中哥友誼等問題，交換意見。

五時，見北美事務協調委員會駐美代表夏功權。

11月8日　星期四
下午

六時，參加漢陽演習作戰會議。

11月9日　星期五
上午

十時，見美國蒙他納州州長賈琪等。

十時三十分，見美國威斯康辛州州長崔福斯。

十一時，見國際獅子會總會長莫耿夫婦等。

十一時三十分，見中央社駐韓特派員李在方。

11 月 10 日　星期六
上午

八時十分，至公館視察空軍作戰中心。

十時，至新竹大圓山視察陸軍第二〇六師海防部隊。

十一時，視察空軍第四九九聯隊。

下午

前往南部。

11 月 11 日　星期日
上午

十一時十五分，抵旗山鎮郊，參觀正在舉行之臺澎地區軍民聯合作戰演習，對官兵熟練戰技曾面予嘉許。

中午

與官兵們聚餐。

十二時四十分，離去。

11 月 12 日　星期一
上午

十時，在國父紀念館主持中樞紀念國父誕辰暨慶祝中華文化復興節大會。總統府資政吳經熊在會中報告「中華文化與三民主義」。

11月13日　星期二

上午

八時，視察國防部作戰中心。曾指示國防部犒賞全體演習官兵，以慰辛勞。

九時三十分，至桃園視察陸軍第六軍團作戰中心。

十時四十分，至中壢視察陸軍第一五一師。

下午

四時，主持財經會談，曾提示要妥善準備因應石油問題；幫助業者解決生產方面之困難：對基層建設方案應於兩年內如期完成等事項。

今日去電致賀金鍾泌當選大韓民國民主共和黨總裁。

財經會談指示

一、目前國際局勢正在變動，尤其石油問題更為嚴重，油價不易平抑，今後仍有上漲趨勢。我們必須事先準備因應措施，尤其注意與我關係密切之美、日兩國經濟情勢，作好妥善準備，研究在不同情況下應採不同措施，以確保我國經濟之穩定與發展。

二、最近數月來工業生產及製造業生產逐月稍行下降，應設法幫助業者解決各種困難，使生產逐漸回升，以維持經濟之持續成長。

三、對農業問題，除一方面解決目前所遭遇之問題，如毛豬、稻米等外，更須進一步研究中、長程計畫，策畫較長期解決農業問題之途徑。

四、年關將屆，各單位應事先作準備工作，尤其對各種
重要物資之供應以及工商界所需資金等問題，應妥
善準備。

五、財政部對簡化法令、整頓稅目的工作，應當繼續縝
密研究，對稅務人員之風氣，尤應注意整飭。

六、基層建設方案，應於兩年內如期完成，必須確立計
畫，訂定工程標準，嚴加考核。希各級政府分層負
責，切實督導執行。至於地方技術人員之不足，應
設法協助解決。

11 月 14 日　星期三

上午

八時三十分，至嚴前總統寓所，祝賀其生日。

九時，主持中常會。

下午

四時，在府內大禮堂以茶會款待六十八年第二次國家建
設研究會出席人員，並致詞期望大家知無不言，言無不
盡，以收集思廣益、群策群力的效果。

今日指示行政院，迅採以下三點措施，救助中南半島
難民：

一、繼續接運由泰國來臺的越南難民。

二、海上漂流的難民，應盡量加以收容。

三、即撥大量白米，予以救濟。

第二次國家建設研究會茶會致詞

行政院在過去七年之中，每年舉行一次國家建設研究會，邀請海內外學者專家與政府和國內各界人士聚會，就國家建設有關事宜，交換經驗，溝通意見，把大家的學識智慧，提供給政府，來推動國家的發展、革新和進步，已有很多貢獻。經國覺得，國建會意義的重大，不僅在於會中討論議題的廣泛和深入，因而產生了許多寶貴的建議，可供政府採擇；更重要的是，大家共聚一堂關心國是的精神，象徵了海內外愛自由、愛國家，為反共救國而志同道合的朋友們，心與智的凝聚，能和力的結合！

今年的國建會擴大舉行，並由一次增為二次，在當前國家面臨新形勢中，大家一同來研擬因應之道，規劃國家建設中長程發展的方向，更加顯示國內外一條心，共同為光復大陸、重建民主統一的中華民國而努力。經國對於所有與會的先生、女士敬致欽佩之忱，特別對於海外遠道歸國的朋友，表示由衷的歡迎。

我們中國為政之道，一向以「仁」為本；為人之道，則重義輕利。孟子說過：「何必曰利，亦有仁義而已矣」。「大學」一書，把我國固有政治哲學講得最為清楚，其中也說：「國不以利為利，以義為利」。這都說明了中國傳統文化以儒家學說為中心的思想中，一向是義利分明，輕利尚義。直到今日，中國人個人的立身準則，仍然是以仁義為重，而中華民國政府的施政方針，也一直是以「行仁守義」為基礎，相信這也是我們仁政必能戰勝不仁不義的共產暴政所憑藉的根本。

不過，講到「利」字，現在這個時代應有狹義和廣義的看法。狹義的「利」是私人之利，廣義的「利」，則是眾人之利，國家之利。以政府的立場來說，不僅不否定正當的私人之利，而且要加以照顧和保障。但執政者不為個人之利，不為少數人之利，而為千萬人之利，為天下之利，所以這個「利」字不但不應輕視，而且應該與「仁義」兩字相輔相成，才是國家之福。

行政院邀請各位先生、女士參加國建會，就是要向各位請教如何來謀國家和人民之利。所以希望各位本著良知熱忱，知無不言，言無不盡，以收集思廣益、群策群力的效果。

經國願意在此強調，政府有廣納建言的誠意，有面對現實的擔當，決不避開問題。越是所謂敏感、尖銳的問題，政府必將更以果斷和堅定的態度來處理。希望各位多多指教，讓我們同在一起，用樂觀、坦蕩，但也冷靜和理智的真誠，來同為反共復國建國的大業，開創出一條光明道路！

敬祝各位身心愉快，國建會成功！謝謝！

11 月 15 日　星期四

上午

十時，見吳大猷。

十時三十分，見黃季陸。

十一時，見南非共和國國會議長盧滋夫婦。

十一時三十分，見新任駐巴拉圭大使王孟顯。

十一時四十五分，見空總副參謀長兼代防空砲兵司令張

汝誠。

11月16日　星期五
上午

十時，見倪文亞。

十時二十分，見香港時報董事長毛樹清。

十時四十分，見劉闊才。

十一時，見世界日報社長馬克任及聯合報社長劉昌平。

十一時三十分，見香港明報社長查良鏞。

11月17日　星期六
上午

九時五十分，蒞臨政治作戰學校。

十時，主持三軍四校聯合畢業典禮，勉勵大家以軍作家，向下紮根，向上發展，成就反共復國的大勛大業。

中午

與參加典禮人員及學生共進午餐。

三軍四校聯合畢業典禮致詞

　　今天陸海空三軍官校和政治作戰學校舉行六十八年度應屆畢業學生聯合畢業典禮。

　　從今天起，各位畢業同學，不僅成為一位革命軍官，加入了國軍的戰鬥行列，而且也獲得了學士的學位，加入了國家建設的基本隊伍，允文允武，可喜可賀。

　　但是正因為大家成為國家文武兼資的重要幹部，因

此大家也就同時擔承了反共復國的重要責任，大家擔承的責任愈重，所需堅忍勇毅、自立自強的精神砥礪，也就愈切，但是大家體察愈深，那由此而產生的信心、智慧、意志和決心，也就愈大愈強愈深。

大家都知道，畢業的意義，就是人生奮鬥歷程的又一個開始。今天大家畢業，開始一個新的歷程，作為反共復國的革命幹部，大家所資以奮鬥的憑藉，當然決不以研習的學識技能為滿足，那麼除了學識技能以外，所憑藉的又是什麼呢？我以為最重要的就是我們的領袖──總統蔣公提示的反共復國幹部特有的性能和修養。分開來說，就是

──智力的磨練在警覺與判斷；

──安全的基礎在準備與保密；

──戰爭的藝術在彈性與握機；

──無畏的精神在膽量與節操；

──持續的力量在均衡與樂觀；

──開展的才具在度量與器識；

──成功的條件在研究與實踐；

如果大家都能深切體認這一重要提示，從生活上、工作上、行動上修養實踐，那就必能成德達材，蔚為國用，真正成為反共復國的中堅幹部而無虧無愧。

我每次看到青年們，就覺得如同看到了國家未來的希望──青年們的奮鬥精神，就是我們國家民族艱難中的希望。所以我和青年們在一起，感到十分青春愉快。

同學們！我們每一個人都有其人生的道路，路是要自己走出來的，道路有兩種，一種是正確的道路，一種

是錯誤的道路，人生最重要的是走正確的道路，也就是
要有正確的目標，自己去開拓自己的前途。大家投考軍
官學校，成為國軍軍官，就是選擇了正確的目標，走上
了正確的道路。但是即使是正確的道路，前途也還是有
荊棘，充滿困難，崎嶇不平，所以要堅定信心決心，克
服困難，照著目標，一步一步向前，一步一步成功！

　　大家在軍官學校肄業四年，氣質和體魄都有變化，
思想、智慧、學識、技能，也都有進步，文武合一，更
勇敢、更堅強、更有理性，更能認識自己對國家、社會
和家庭的責任，也就更能提供自己的貢獻。

　　由此我期望大家，能夠「向下紮根，向上發展。」
大家分發到部隊，走向基層，在生活上、工作上、行動
上，要把革命精神、建軍作為、戰鬥意志，落實到基
層，而作為基層軍官，更要以愛心對待士兵，以誠心服
務部隊。以軍作家，也就是以基層作家，一切為基層，
照顧到基層。所謂「向下紮根」，就是這個意思。另一
方面，大家要砥礪品學，端正觀念，奮勵自強，力爭上
游，如此用學識武德，實幹苦幹，克服困難，規取進
步，所謂「向上發展」，就是這個意思。

　　大家只要都能以反共復國革命幹部特有的性能和修
養，「向下紮根，向上發展」，那就必能深思力踐領袖
諄諄告誡我們帶兵、練兵、用兵的道理，就必能發揮官
兵一體的團隊精神，也就必能以信心、智慧、意志和決
心，來發揮革命的基本戰力而有餘了。

　　在此，我要對軍官學校教職員先生的教學辛勞，表
示佩慰。同時對於全體畢業學生的家長致賀，因為大家

有賢子弟，選擇了自己正確的道路，報效國家，復興民
族，這不止是家人的快樂，也是家庭的光榮。最後我
還要講到，今天大家從軍官學校畢業，人人都以成為中
華民國國軍的軍官為榮，人人都以成為三民主義的信徒
為榮，人人都以實踐三軍一體、如手如足的親愛精誠為
榮。我更殷切的期望大家，從思想方面、觀念方面、精
神方面、作為方面，表現出國軍軍官傑出的、英武的氣
概和志事，對國家負責，對社會負責，對家庭負責，
成就自己的德業事功，成就我們反共復國聖戰的大勳
大業。

11 月 18 日　星期日

上午

九時四十分，抵達臺南縣政府，聽取縣長楊寶發之「農
業」簡報。隨後巡視縣黨部、縣農會，並至柳營鄉、
學甲鎮、七股鄉訪問農家及基層人員，深入了解民間
生活。

中午

十二時半後，至永康鄉參觀統一企業公司，並至榮民醫
院，慰問住院榮民。

下午

三時二十分，抵臺南市政府，巡視馬上辦中心。並至蘇
南成市長寓所，探望其雙親。
四時，至市立體育館，參觀「中華古物特展」。

四時十五分，離開南市前曾將一把瑞典製的萬能小刀，
贈送蘇市長，然後離去。

11 月 19 日　星期一
【無記載】

11 月 20 日　星期二
上午

十時，主持軍事會談。

十一時三十分，見行政院六十八年傑出科技人才簡錦
忠、葉英堃。

下午

五時許，先後接見參加東北亞戰略情勢研討會之韓國代
表金用雨、日本代表金丸信。

五時四十分，見陳裕清。

11 月 21 日　星期三
上午

九時，主持中常會。

11 月 22 日　星期四
【無記載】

11 月 23 日　星期五

上午

十時三十分，在府接見日本議員藤尾正行、佐藤信二。
十一時，在府內大禮堂接見好人好事代表巫永昌等五十
八人，期勉他們更為表率，鼓舞群倫，樹立一個仁愛
的、光明的，安和樂利的社會。

中午

至陽明山莊與革命實踐研究院員生會餐。

11 月 24 日　星期六

今日以本黨主席身分，發表「從中國國民黨的歷史看國
民革命的前途」專文，以紀念建黨八十五週年。

中午

在三軍軍官俱樂部，與接受表揚的五百多位中國國民黨
六十八年度示範小組長暨優秀基層幹部共進午餐，並期
勉全體黨員，必須奮發自勵，不怯不懼，要有背十字架
的毅力情操，才能完成光復大陸的歷史使命。

11 月 25 日　星期日

【無記載】

11 月 26 日　星期一

上午

八時四十分，主持國軍軍事會議開幕典禮，指出當前敵

消我長情勢，期勉全體同志共同注意領袖「大推進」的提示，來創造勝利成功的機運。

隨後聽取陸軍、海軍兩總司令之工作報告及「從三十年暴政看共匪必亡」之專題報告。

11月27日　星期二
上午

八時四十分起，至軍事會議議場分別聽取空軍、聯勤、警備各總司令以及參謀總長等之工作報告。

11月28日　星期三
上午

九時，主持中常會。會後分別見黃少谷、薛人仰。

11月29日　星期四
上午

八時，蒞臨軍事會議會場，主持讀訓。

八時四十分，在軍事會議中聽取六十九年度軍事大演習檢討報告。

11月30日　星期五
上午

九時，蒞臨軍事會議會場，主持讀訓。

下午

四時，在府內接見南非共和國國防暨安全部副部長

柯芝。

四時三十分，巡視中央銀行，期勉該行全體人員，於該
行改隸行政院後，本原有傳統優良的工作熱忱，對國家
作更大的貢獻。

12月1日　星期六
下午

三時四十分，在軍事會議中聽取總結報告及裁決。

四時四十分，主持軍事會議閉幕典禮。並期勉全體同志，對會議的決定，發為團結一致、劍及履及的行動。

六時十分，與參加軍事會議全體人員會餐。

12月2日　星期日

今天發表總統主持國軍六十八年軍事會議致詞文期勉國軍官兵突破一切限制困難，利用安定環境，開拓力量、警覺應變，以完成歷史使命。

上午

九時二十分，抵臺東，先後至延平、鹿野、卑南等鄉，訪問山胞、農家及基層單位，實際了解地方建設及民眾生活改善情形。並指示縣長蔣聖愛，加速臺東港之工程建設，期能帶動地方的發展與繁榮。

下午

三時半，抵花蓮，巡視水源村山胞社區，並訪問榮民之家。

四時五十分，乘機返北。

國軍六十八年軍事會議致詞

　　國軍六十八年軍事會議，在今天隆重舉行。

　　首先經國要代表政府，對於國防部、陸軍、海軍、

空軍、聯勤、警備、憲兵……各軍種、各兵種、各學校、各單位的官兵同志們，在國防建設上的重大貢獻和辛勞，表示嘉慰。

　　近幾年來，國防部每年都舉行工作檢討會議，但是這一次的軍事會議，其精神、其思想、其性質、其作為，可以說，乃是承接我們的領袖──先總統蔣公主持的一次軍事會議──民國六十年的第十五屆軍事會議而來。

　　而這一次軍事會議，又正當國際政治波譎雲詭、變局突起多端的時際舉行，在大陸共匪權力鬥爭愈演愈烈、內部動亂也愈變愈烈的時際舉行，在我們承受了中美斷交的衝擊而又全民精誠團結、奮勵自強的時際舉行，特別是我們國民革命第三期建軍三十週年的時際舉行，所以這一次軍事會議，實在有其重大的意義，更有其重大的革命任務。可以說，這次會議，不止是工作上檢討策勵的會議，不止是現階段反共復國戰爭長程、中程、近程的計劃作為的會議，而且是我們國民革命軍官兵精神動員、行動誓師的關鍵性的會議。

一、世變匪亂日亟日深

　　當前的世局，歸結起來實在就是一個多元化的「劇變」。今天由於國際間權力均勢的觀念偏差，和均勢觀念造成的姑息逆流；物資爭奪、能源缺乏、貨幣不穩定、停滯膨脹、交互影響的國際經濟危機；共產集團和共匪對民主國家、對第三世界的擴大滲透分化；民主國家對應共產集團尤其共匪的步調不一，自亂陣營；這種種因素形成了國際政治波譎雲詭的複雜變化。

　　另一方面，大陸共匪情勢的發展，歸結起來乃是擴

大加深永不休止的「動亂」。遠的不說，就從它最近的
偽五屆「人大」二次會議、匪黨「四中全會」和偽政權
成立三十年的各項報告中，就自供一九五七年「反右
派」運動「犯了擴大化的錯誤」；「三面紅旗」運動「犯
了瞎指揮浮誇風和共產風的錯誤」；清算彭德懷的「反
右傾機會主義」運動是「不適當」的「左」的錯誤；而
「文化大革命」不但「打著文化革命的旗號，大規模的
毀滅文化」，更是將大陸匪區人民「投入血腥的恐怖之
中」；它不得不承認「這的確是我國各民族人民遭受的
一場駭人聽聞的浩劫」，不得不承認「在個別時期工作
指導的一些錯誤」，不得不清除「長期動亂和分裂的禍
根」。實際上所有錯誤都是中共匪幫前後所造成，現在
它卻將一切錯誤歸之於「走資派」，歸之於林彪，歸之
於「四人幫」。

　　共匪自供的「長期動亂和分裂的禍根」，乃是由於
——它權力重心的長久對立，此起彼伏、週而復始的整
　　肅鬥爭，使共匪成為了一個「無頭的共產黨」；
——它「絕大多數人長期的普遍貧窮」，使它陷於「貧
　　窮循環」之中，其所侈言的四個現代化，也成為了
　　它無法克服的四個困難，更是它無法實現其所謂
　　「社會主義建設優越性」的瓶頸，於是撐著「馬列
　　共產主義」「四個堅持」符咒招牌，而不得不被迫
　　走「修正主義」的「反動路線」；
——它長期血腥統治大陸人民，但是它又搞其對民主
　　集團以及對我們的「和平統戰」，卻不料「要自
　　由」、「要民主」的意識，立即普遍的深入大陸人

心，形成了反共的思想和行動，使它產生了「堡壘
會從內部攻破」的嚴重危機；

——它和蘇俄的衝突鬥爭、和越南的苦戰惡鬥，擴大加
深了四面環敵的威脅恐懼；

因此它眼前的「動亂和分裂」必將造成其共產制度
的、意識型態的、匪黨匪軍偽政權統治權力的大動亂和
大分裂，不至其全面崩潰覆亡而不止。

正由於「世變」「匪亂」的日亟日深，而顯示了
我們在復興基地的堅定和安定，也就是堅持了領袖所
昭示的「我們的自處之道，乃是在於革命復國定力的
一個定字」。

所謂堅定，是說我們以國家和民眾利益為中心，堅
守民主陣容、貫徹民主憲政、絕不與共匪敵人妥協、絕
不中止反共復國行動的堅定立場。所謂安定，是說我們
當橫逆衝擊之來，全體軍民同胞都能「清明在躬，士氣
如虹，」不屈不撓，堅忍奮鬥；由於內部安定，一團和
氣，秩序井然，更能在安定中建設，在穩定中進步。不
惟如是，我們還要以堅定的立場，更求純一的安定，來
因應未來更大的變局、更大的挑戰、更大的衝擊，在逆
境中創造順境。

推廣一層來說，正由於我們堅持「革命復國的定
力」，正由於我們在精神武裝、心理建設方面，奮鬥不
懈，所以能夠有計劃的逐步的推進政治建設，經濟建
設、社會建設，提高國民水準，加速國家現代化的進
程，樹立了世人所重視的「臺灣經驗」的民主自由生
活，而尤為大陸同胞所歸心嚮慕。這是我們對大陸的

「政治反攻」，也就是我們實踐領袖「七分政治、七
分心理、七分間接路線」的政治戰略勝兵先勝的攻勢
作為。

二、加速現代化的建設

前面說過，我們在逆境中創造順境。一般來說，這
三十年來，我們雖然是在逆境。這是由於三十年來，全
民同心一德，以致政治建設進步，經濟發展快速，社會
變遷平穩，國民生活安定。但處於這樣的順境，一部
分的人，卻不免產生一種安逸的心態，甚至迷失腐化於
繁榮逸豫之中，淡忘了戰時的警覺和責任。「忘戰必
危」，我們自不能不加強心理的建設。而另外有少數
人，以為國際局勢既是如此的變化多端，共匪敵人既是
如此的動亂不已，我們反共復國戰爭應該是可以迅速發
動而一鼓收功的，殊不知，國際局勢的「變數」，固非
我們一時之間所能完全掌握，而共匪敵人更不是可以一
推就倒的。因之，我們必有一番深切認識，反共復國戰
爭是一個多元的、特殊的總體型態，乃是政治戰與軍事
戰、正規戰與非正規戰、直接會戰與間接路線、有形戰
力與無形戰力的相互影響、相互為用，而有其客觀的時
間的外在因素的。

反共復國戰爭在精神上、觀念上，是要由自立而自
強，由自助而人助；而在作為上、計畫上，乃是以時間
換取空間，由局部建設而建立廣大的戰爭面，亦即由
復興基地的局部優勢導發對大陸匪區全面的壓倒性的
優勢。

明白些說，就是要利用安定的環境與時間，加速現

代化的建設，使我們更進一步的堅強的存在，穩定的存在，開拓發展政治的、經濟的、文化的、軍事的一切力量。

總結來說，這就是一種政治戰略、經濟戰略、軍事戰略、心理戰略主動的、攻勢的、持久的、全程的戰爭作為。

三、一切力量集中復國

我們反共復國主動的、攻勢的、持久的、全程的戰爭作為，主要的就是憑恃智慧定力與自立自強的作為。

領袖在主持最後一次的第十五屆軍事會議時強調：「我們的革命目標，在於反攻第一，復國第一。」這是我們主要的國家目標。這就是告訴我們要困心衡慮、埋頭苦幹，一切智慧，集中反共，一切力量，集中復國，對於其他一切外在的橫逆衝擊之來，雖正視其發展而絕不縈心，對於一切外助外援的因素，亦是正視其發展而絕不縈心。

從表象來看，今天世界局勢當然還有更大更多的變化，國際姑息的氣氛，也還是有增無已，必然使我們的困難增多。

但是我們有困難，共匪敵人比我們的困難更大更多，而這些困難，絕非它勾搭美國、乃至使美國片面終止「中美共同防禦條約」等等作法，所能緩濟解決，因為它的困難，實在是來自其內部，來自其震慄恐懼的「靈魂深處」，來自大陸同胞救死圖存、普遍憤恨、普遍反共的浪潮，這是它即將萬毒齊發的絕症。特別是它和自由國家接觸，其關閉社會的門戶開放，愈易導發大

陸人民追求自由民主生活的反共力量，相對的即擴大加深其統治箝制的困難。

前面講到，共匪三十年的血腥統治，並不是可以一推就倒的，因此必須有外力來協助、來支援大陸同胞的行動，這個外力，就是我們在臺、澎、金、馬三十年來毋忘在莒、生聚教訓、實踐三民主義的根本目標——自力更生、獨立作戰、不假外援的反共復國統一復興的大行動。

講到外力外援的問題，領袖常說：

「如其奢望憑藉外力以反攻復國，則既不可恃，亦決不可能。」

「因此，我們對外援的態度，乃認為唯自助乃能多助，雖可用而並不可恃，這也就是說，得之不足喜，失之不足憂，大家唯有作最壞的打算，才能完成最後的大業。」

所以我們對外部而言，所有外力外援以及世局推移變化之中的客觀因素，皆當「作最壞之打算」，主動掌握，善為運用，成為我們的戰力，但卻不可一心坐待、完全依賴。對內部而言，就要精誠團結，在艱彌厲，所有行為，皆基於理性，所有利益，皆集結於民眾，所有作為，皆貫注於安定、和諧、進步。

四、創造勝利成功機運

自黃埔建軍以來，領袖始終是以建立獨立自主的軍隊為中心要求，而創造了東征、北伐、剿匪、抗戰諸戰役的光榮勝利。近三十年國民革命第三期的建軍任務，尤其是貫澈這一中心要求——基於國家目標，根據革命

需要，針對國情，充分適應「本身特殊的環境、條件和要素、實質」，樹立一貫的軍事思想和建立現階段的軍事制度。

　　領袖在第十五屆軍事會議中，又對我們叮嚀備至，要更進一步樹立「獨立自主、自動自發、研究發展、新速實簡」的建軍精神和戰備作為，來建立現代化的軍隊，「做到適切戰爭需要的程度，以達成獨立作戰的任務。」三十年來，我們的建軍事業，由於國軍官兵的共同努力，一致用命，績效卓著，使國防建設和政治建設、經濟建設，一齊顯示了我們舉足輕重的國家力量。

　　可以說，我們在復興基地建軍事業三十年的血汗辛勞是沒有白費的。

　　不過，在這三十年之中，我們雖時時刻刻對於大陸共匪的軍事狀況，密切注視，相對肆應，革新超前，而且我們也創造了古寧頭、登步島、八二三、以及海戰、空戰……歷次戰役的勝利。最近我參觀國軍在金、馬及臺、澎地區作戰大演習，計劃週密，行動迅捷，更可以瞭解國軍戰略作為、戰術磨練進步的一斑。但是長久以來，我們國軍雖久訓精練，而實戰經驗仍待磨練，如此才能對於現代戰爭、對於革命戰爭有更深刻的體驗。

　　經國念茲在茲的，還是期望全體同志，準備隨時決戰外，對於今後國軍的建軍作為、戰略指導、戰術磨練、裝備更新，以及國防工業建設各問題，共同注意領袖的提示，以建軍的長程計畫，以效益的成本觀念，以科學的管理方法，以研究的繼續發展，以組織的精密運用，以人才的不斷培養，造成蓬勃形勢和向前發展的生

機，激發自力成長的衝力，來突破組織、人事、教育、
訓練以及後勤的一切限制困難，形成長期的、持續的發
展推進，來創造勝利成功的機運。

五、人人作非常之軍人

在會議中，全體出席同志不僅恭讀了領袖的遺訓，
聽取了各種重要報告，而且也都能踴躍發言，虛心檢
討，尤其在這次會議之前，由下而上逐級檢討，而會議
之中，又能多方綜合，反覆研究，可以說這次會議是集
中了國軍官兵全體的精誠智慧。

今天世變匪亂的動盪劇烈，可說是面臨了前會未有
的變局，戰爭的危機已有如箭在弦之勢，我們必須校計
索情，警覺應變，同時更須倍加努力，對任何有利於我
們的機勢，因勢利導，以開新局。因之，在這次會議
中，我們恭讀領袖遺訓，不禁回想領袖對於反共復國前
途的高瞻遠矚，對於革命建軍大計的苦心孤詣，特別是
想到領袖對於我們國軍幹部「反覆叮嚀、一再提撕」的
耳提面命，不僅神旺不已，而且熱血沸騰。值此「國脈
民命、存亡安危決於俄頃的時刻」，我們國軍官兵都應
「人人作非常之軍人，讓這個獨立自主、建軍備戰、反
共復國的非常之事業，一切都能以革命精神鑄成之。」
這是我們所當謹遵遺訓，勇往直前、精誠奮屬的一面。

三十年來，我們國軍對於國家社會的重要貢獻，就
是保衛了臺、澎、金、馬復興基地的安全和安定，使我
們在這個安全和安定的環境中，建設進步，樹立了我們
復興基地「地緣的政略地位」和「政治的心理地位」，
成為亞洲安全和安定的屏障，成為大陸同胞爭取自由幸

福的燈塔，成為海外僑胞四海同心的標竿。

我們國軍也在這三十年之中，創造了現代化建軍的基礎，這又是由於政府各部門和全體同胞全面的精神支持、物力支援和財力支柱，而亦充分顯示了反共復國戰爭的總體戰意義和績效。這亦就是說，我們的三軍一體，軍民一體，國家建設亦為一體，政治建設、經濟建設、社會建設、教育文化建設和國防建設，各為三民主義國家建設的一環，而交光互影，相輔相成。

在這個時刻，我要為各位同志重申今年四月講到當前我們自處之道的一段話：「那就是在劇變之中能把握革命原則，堅持反共立場；在動亂之中能發揮高度的定力，實踐基本的國策。同時，我們也有我們奮鬥的路線，那就是先求生存和穩定，次求開拓與發展，再求勝利和成功。深信只要我們本此認識，秉此策略，穩紮穩打，以我們的精勤奮發，加上人人貢獻出智慧和一顆愛國的心，我們就必能勝利成功。」今天我要以這一個生存穩定、開拓發展以求勝利成功的奮鬥路線，和各位同志互勵互勉。

因此，經國還要強調的，就是

——希望出席這次會議的全體同志，對會議的決定，都能視為自己的責任，並發為團結一致，劍及履及的行動。

——希望全體國軍官兵同志，對反共復國大業，意志集中、力量集中，使國軍部隊，精進奮勵，日新月盛，一齊完成這一歷史性的偉大使命。

——對於退役官兵同志，我要表示誠摯的關懷，希望大

家不但退而能安，而且能以在軍中的智慧、精神和
力量，貢獻於社會的另一方面，更進一步為復國建
國奮鬥。

──對於政府各部門同仁對國軍建軍備戰的協助支持，
表示嘉慰。

──對於海內外同胞對國軍的支持和信心，表示十分的
佩慰，希望全國的同胞更進一步共同於國防建設的
進行。

同志們！為了反共復國，我們人人作「非常之軍
人」，精誠團結，勇猛精進，赴湯蹈火，在所不辭，如
此才能使國家民族復興的非常事業，在我們大家的手
裡，得到輝煌的勝利和全面的成功！

12月3日　星期一
【無記載】

12月4日　星期二
上午

九時，在府接見美國前駐華大使莊萊德夫婦。

九時三十分，接見日本前首相岸信介等。

九時四十五分，接見南非共和國駐華大使朴多利。

十時，主持財經會談。並指示：

一、在物價穩定基礎上，謀求經濟繼續發展。

二、妥為調節年關資金。

三、因應石油短缺，應儘量改用燃煤。

四、基層建設經費要用得適當工作要做得切實。

下午

五時，見吳三連。

六時，見田雨時。

12 月 5 日　星期三
上午

八時三十分，至懷恩堂參加前中央銀行總裁張公權之追思禮拜。

九時，主持中常會。

12 月 6 日　星期四
今日致電崔圭夏祝賀其當選大韓民國新任大統領。

12 月 7 日　星期五
上午

十一時三十分，接見美國參議員高華德夫婦，就當前世局共同交換意見。並於中午十二時在臺北賓館以午宴款待。

12 月 8 日至 9 日　星期六至日
【無記載】

12 月 10 日　星期一
上午

九時，在陽明山中山樓舉行本黨中央委員會第四次全體會議暨中央評議委員第四次會議開會典禮，主席親臨主

持。莊嚴地宣告三民主義政體決不改變，光復大陸努力
決不稍懈。

十時三十分，進行四中全會預備會議及主席團會議。

十一時，舉行第一次大會聽取行政工作報告。

中午

十二時，約部分同志會餐。

下午

二時三十分，舉行第二次大會，聽取軍事報告及對行政
工作報告、軍事報告之討論。

中國國民黨第十一屆第四次全體中央委員會議暨中央評議委員會議開會典禮致詞

本席現在宣佈本黨第十一屆第四次全體中央委員會
議暨中央評議委員會議開會。

今天我們舉行全會，深深感到在這中興再盛、扭轉
時勢的關鍵時刻，本黨所負責任之重大，實在需要我
們全黨同志，與全國同胞共同努力，以矢勤矢勇的精神
和再接再厲的決心，來完成重光大陸，再造中華的歷史
任務！

從三中全會到今天，已屆一年，這一年是本黨歷史
上最艱險的一年，對我們國家自立自強的意志，對我們
全體國民團結奮鬥的毅力，對本黨貫徹革命目標的信
念，以及對我們今後在自由世界以反共前鋒為己任的決
心，都是一段最為嚴酷的考驗。但是，殷憂啟聖，多難

興邦，今天我們可以挺起胸膛來說，挑戰予我們以威脅，也激發我們內在的力量，使我們的意志、毅力、信念和決心，不但沒有絲毫動搖，而且更為加強。我們有面對現實的勇氣，也有克服困難的擔當，所以屹立不搖，無畏於橫逆的衝擊！

回顧這一年之中，由於加在我們中華民國身上的事件，直接間接引發了整個世局一連串的劇變。而在種種演變之中，更顯出今日世間是非混淆，敵友不分，國際關係的分合已經失去了準則。不過，我們始終深深自信，只要我們莊敬自強，處變不驚，腳踏實地，堅守立場，不虛矯，不倚賴，把國家的命運，牢牢掌握在國人自己的手中，就必能得到最後的成功。

這一年來，最令人感動的，是海內海外同胞，面對國家所遭遇的危難，沒有人氣餒，沒有人頹喪，大家精誠團結，同心一德，發出浩然正氣，化悲憤為力量。以愛國的深情、正義的熱血、高貴的至誠，從各個階層、各個角落，以各種行動和方式來支援政府，支持自由中國。許許多多可歌可泣的情景，讓全世界的人士看到，中華民族不可輕侮，中華兒女並非弱者。憑著這股浩浩蕩蕩的民心士氣，我們就一定能夠戰勝逆境，開創光明的前途！

本黨懷抱救國救民的職志，致力國民革命。八十餘年來飽經憂患，歷盡艱辛，目的在求中國之自由平等，世界之永久和平。大半個世紀中，在總理和總裁的領導下，從創立民國、北伐統一、剿匪抗戰，以至行憲戡亂，一次又一次的，環境愈惡劣，愈益顯出三民主義建

國方針的遠大，本黨革命目標的正確。也因之一次又一次的，由挫折到勝利，由失敗到成功，無不憑藉著黨魂的感召，主義的啟示，終能寫下一頁又一頁光榮的、勝利的史章。

事實上，本黨的榮辱與國家的興衰已經結為一體。共匪的全面叛亂，使整個大陸陷於水深火熱之中，是本黨革命事業最大的一次挫折，也使國家遭受到空前的浩劫。三十年來，我們生聚教訓、勵精圖治，無時不以負疚和悲憫的心情，懷念大陸同胞，並且下定決心，要把臺澎金馬按照三民主義的藍圖建設成為民族復興的自由基地，以期早日完成光復大陸、消滅共匪、拯救苦難同胞的神聖使命。因為我們深信，唯有力行三民主義的國家建設，才能使我中華民族啟明復旦，長治久安，才是我們國脈、民命、主權的有力保障！

很明顯的，三民主義建設在復興基地的成果與經驗，已很具體的確立了民主法治的憲政期礎、繁榮均富的經濟制度、安和樂利的社會模式。這些都是活生生的現實，符合中國人的思想文化，適合中國人的生活方式，更能迎合中國社會發展需要，為未來建造一個自由、和平、強大、統一的現代化中國作好了示範實驗。所以，在和共產主義作生死之戰上，我們已經站穩腳跟，立於不敗之地了！

同樣的三十年，中國大陸在共匪極權統治之下，淪入了暗無天日的地獄，幾千萬生命慘遭屠殺，其慘酷、其殘虐，構成了中華民族曠古絕今的大災難，人類史上前所未有的大悲劇！

　　我們無需歷數共匪的罪狀，因為它的種種禍國殃民，滅絕人性的血腥紀錄，無論用什麼詭詞狡辯，都已掩蓋不了它的滔天罪孽。我們所要沉痛指出的，乃是中國大陸作了三十年馬列主義和「毛澤東思想」的實驗，換來的是貧窮落後，民生凋敝，哀號遍地，一片混亂。而大陸上受苦受難的都是我們自己的同胞，他們的苦難，就是我們的苦難·解除他們的苦難，更是我們的責任。

　　如今大陸的基本情勢是：匪偽內部權力鬥爭日亟，經濟劣勢無法扭轉，社會動亂高潮迭起，軍中思想矛盾紛歧。至今兩千多萬人失業，八千多萬知識青年還在被迫勞改下放，兩億農民口糧不足而處在半飢餓狀態。試想：三十年了，吃飯還要糧票，出門還要路條，買東西還要排隊，居住遷徙都有限制，中國人民何嘗受過如此痛苦煎熬？因之，現在大陸同胞全都起來發出怒吼，要跟共產黨算帳了。他們要爭自由、爭民主、爭生存；他們都要生活下去，都要活得像人；所以都向共匪質問：「我們的國民經濟為什麼比不上臺灣」，勇敢的喊出：「三民主義是中國應走之路」，並且公開宣稱：「無產階級專政和真正的民主絕不相容」。這些控訴，這些吶喊，反映了大陸同胞對共匪的憤怒，對共產制度的否定，對匪偽政權的索債！

　　因之，我們認定，共匪的控制中國大陸，絕對不是不可改變的事實；相反地，在民心的歸趨下，乃是必須也必將改變的事實！

　　然而，中共匪幫把中國大陸弄成了一窮二白，卻還

厚顏無恥奢談「四個現代化」，那豈不是癡人說夢？

　　拆穿來說，共匪既要「堅持四項基本原則」，堅持它所謂社會主義道路、無產階級專政、共產黨的領導、馬列主義和毛澤東思想，又要高唱「四個現代化」，實在是最大的謊言，最大的妄想。不過，它另有用心狠毒的企圖，那就是一方面以利相誘，愚弄自由世界，想與開發國家加強勾搭，騙取西方技術和資金，藉以支撐偽政權的門面；另方面是畫餅充饑，想藉此來緩和大陸人民普遍高漲的抗暴怒潮，好讓它繼續榨取人民的血汗，作為它赤化世界的本錢。

　　尤其，我們必須嚴肅的揭破共匪騙局，它的所謂「四個現代化」，不但只是一句口號，根本沒有以人民的利益著眼，而且更是匪酋之間相互用來作為內訌奪權的工具。如果民主國家墜入其圈套，甘被利用，將來不但得不償失，還要受到大害，並且延長中國大陸人民的受苦受難！

　　我們可以斷言：在共黨暴政統治之下，中國大陸決無現代化的可能！共產主義不論採取什麼路線，不論「修正」或不「修正」，如果不從根本拋棄馬列和毛思想，到最後一定是完完全全的破產！

　　不幸的是，由美國與共匪進行所謂「關係正常化」開始而導發的亞洲危機，到今年達到了高潮。我們早已一再指出，美匪「關係正常化」，實際上是對共產極權暴政的最大鼓勵，也是對中國大陸人民反奴役、反暴政、爭自由運動的最大打擊。其結果，不但不能保障亞洲的安全，反將助長共黨的對外侵略與顛覆活動。尤其

所謂「聯中共以制俄」，是極不切實際而且極端冒險的行為，必將給美國本身和亞太地區帶來嚴重的後果，對整個自由世界亦將產生極惡劣的影響。

一年來的情勢發展，許多事實足以證明，美國與共匪之間實無「平行利益」可言。匪俄兩惡雖然相爭，但在企圖赤化世界的目標上則屬殊途同歸。從中東、近東、到東南亞、東北亞；在非洲、拉丁美洲，共黨的聲勢，已經顯得更為囂張。伊朗政局的劇變，匪越交戰及中南半島大量的漂流難民，以至古巴再對中南美與美國本土所加的威脅，蘇俄的大事擴張軍力，在在都使整個自由世界的危機日益加深，這些都是美匪建交直接間接連帶產生的惡果。事實上，中共並無制衡蘇俄的力量，所以美國聯匪，不但發生不了「制俄」作用，卻反而增長了共匪在世界各地擾亂和平的氣燄，而使蘇俄加速對外擴張，加深與美國的對抗，真是後患無窮。

如今的世界情勢，基本上仍是民主與極權制度的競爭，自由世界與共產陣營的對抗。不過由於國際政情變得複雜而多元化，原先美俄兩極的重要性，隨著多元性格局的出現而降低，美國對世局運用的影響能力也因之削減。特別是美國與匪建交，把共匪納入國際組織體系之後，使得國際形勢愈加紛亂，美國在自由世界的誠信與領導能力亦就更為薄弱。而蘇俄在對美關係上，也因美匪勾搭而有改弦易轍、運用戰略優勢和武力外交的傾向，顯然這將加深對美國和自由世界的壓力，升高世局的緊張。這是當前自由世界真正的危機所在，也是消除世局亂源必須澄清的根本所在。

　　今天我們位處亞洲大陸東南岸的邊緣、西太平洋的
前衛，控制著臺灣海峽和東北亞到南亞的通道，在阻遏
共產勢力的擴張上，構成地緣防禦陣線要衝的地位。不
論國際政局如何變化，自由民主與共產極權的對抗一日
不停，中華民國堅守民主陣容，臺灣海峽也就永遠居於
亞太地區重要的戰略地位，我們也決不放棄自由世界反
共前哨的任務。中美斷交和中美共同防禦條約終止，改
變了相互關係，並不能改變這種戰略形勢，更改變不了
我們反共復國的決心。我們必將發揮堅忍勇毅的精神、
自立自強的能力，挑起更重的擔子，繼續為捍衛亞太的
和平與安全而盡力。

　　我們必須再次明白指出：如果共產主義不從中國大
陸清除，永遠不會有個和平統一的富強中國，也就永遠
不會有安全和平的亞洲與世界。

　　至於共匪不斷對我們推出統戰陰謀，那是共產主義
瀕臨崩潰邊緣所耍的花招，企圖以「開放」的假象，來
掩飾它的失敗和罪狀，來混淆國際間的視聽和觀感，更
企圖在我內部製造分化，進行顛覆。所以我們給予的答
復至為簡單，那就是我們決不與共匪談判，決不與共匪
妥協，任何情況決不改變我們的立場！

　　理由也至為簡單：我們的反共，是三民主義對共產
主義的鬥爭，是自由民主對極權專制的鬥爭，是兩種完
全不同的思想方式與生活方式的鬥爭，實際上也就是我
們救國救民與共匪禍國殃民的鬥爭，根本就沒有和解妥
協的可能。何況如今共產主義在中國大陸已經走入了死
巷，勝敗之勢也已十分明顯。所以我們不與共匪談判妥

協，乃是粉碎它的統戰詭計最有效的辦法，也是加速共匪潰亡最有力的反擊。

總理手創的三民主義，是承繼了數千年中國文化精神與政治哲學所留傳的大道，以民族精神為本體，以民族文化為骨幹，並以「公」為出發點，以「仁」為著眼點，以「愛」為落實點，所以實行三民主義也就是以「天下為公」為改造社會的最高理想，以「仁民愛物」為治國施政的基本法則。而共產主義則以「衝突」和「鬥爭」為其謬論中心，再由共匪加上「毛澤東思想」的標誌以後，不僅是反理性，更是反人性、反人道、尤其是反中國的魔咒，絕非中國人民所能接受。總裁曾經說過：「三民主義率天下以仁而民從之，共產主義率天下以暴而民不從。」勝利必屬於我們，重建三民主義新中國也必然成功！這個歷史責任落在我們自由中國每個人的肩上！

各位同志：這個責任更是重重的落在本黨每個黨員的肩上，因為對三民主義的貫徹實行，對中華民國憲政體制的維護，對民有民治民享國家建設的推進，原是本黨永遠的責任。身為本黨黨員，便都身負革命建國的大責重任，不僅當仁不讓，更是責無旁貸。基於這樣一種誠摯的責任感，面對當前的政治形勢，經國深深認為：黨的堅強與否是革命成敗的關鍵，黨的建設應是國家建設的先驅。因之，我們每個黨員對於三民主義應有堅定不移的信仰之外，必須具有救國救民的革命抱負，為國為民的犧牲精神。認清凡是中國國民黨員，必須既不為名，也不為利；既不怕難，也不怕苦。只有一片誠心，

為國家服務，為人民謀福利。使黨與民眾永遠結合在一起，使黨永遠活在社會群眾之中，為全民所共信共賴。這樣，黨的建設，才能有生命、有力量，也才能為國家建設負起開導的責任。

不過，今天在此舉行全會，我們虛心檢討，雖然全黨同志絕大多數都是精勤奮發，竭智盡忠。但也無可諱言，還有部份同志，不是存有苟安心理，便是存有享受心理，對黨和國家前途懷著疑慮，影響所及不免顯得黨的組織缺少活力，黨的行動缺少毅力，使得黨的紀律看來散漫，黨的決策也往往不易貫澈執行。是本黨變得軟弱了嗎？決不是，因為我們的革命立場始終堅定。是本黨老大了嗎？也不是，因為我們三民主義的思想歷久常新。那麼原因何在？依我看來，就是剛才所說「苟安」和「享受」兩種心理作祟所致。三十年來復興基地的繁榮安定，多少對我們的革命精神產生了不良作用，使若干同志滿足於現狀，喪失了刻苦奮鬥的幹勁，甚至滋長了好逸惡勞的惰性。這種現象，是我們在此集會不能不有的警惕。

我們要恢復本黨在開國和北伐時期那種前仆後繼、勇往直前的銳氣，剿匪和抗戰時期那種國家至上、民族至上的志節，就必須重振革命精神，看向高處，拿出更大的勇氣，抵擋更大的艱難，完成更大的任務。

中國國民黨當前最重要、而且一定要徹底做到的是：
——確保臺澎金馬復興基地的安全與福祉。
——突破重重難關，求得生存，更求發展。
——鞏固法治基礎，維護人民生活自由，推進民主政治

設施。

——擴大文化、政治、經濟、社會建設的影響力量，登上大陸。

——刷新黨的風氣，健全黨的組織，加強黨的機能，為民前鋒。

同志們，我們以同志相互稱呼，乃是大家都以主義為中心，志同道合，肝膽相照，情同兄弟手足，願為同一目標而齊步前進。讓我們同心協力，再革新，再進步為復國建國再創黨的新生命！

現在，經國要求全體同志對我們今後復國建國共同的奮鬥方向，詳加策劃，審慎研議，制定具體可行方案，群策群力，一致遵行，作為我們未來共同努力的準據，早日完成我們的使命。

首先，我想提出幾個我們當前的中心任務：

——加速策進光復大陸，重建國家，是我們的最高目的。我們應以復興基地三民主義建設的成果和經驗，展開政治登陸，繼之以各種行動，摧毀匪偽政權，順應大陸同胞的心願，實現中國大陸的民主化、自由化、中國化。

——強化國家整體建設，充實復國建國的基礎，是實現光復大陸的先決條件。我們應以當前和未來國家發展及人民利益的需要，策定國家建設的中長程計畫，從國防、經濟、文教、社會各方面，確定發展的方向和速度，厚植國力，確保國家安全；並促進建設成果的合理分配，來達到國家更富強、社會更進步、人民更幸福的境界。

——健全政治建設，鞏固全民大團結，是國家安定進步
　　的前提。我們應在維護國家憲政體制、履行民主
　　法治的大原則下，改革一切政治上的缺失，廣納民
　　意，擴大參與，建立守法的、負責的、和諧的民主
　　政治根基，實現有秩序、守分際、重理性的民主政
　　治制度，使全民精誠一致，同為反共復國而努力。
——結合四海僑心，加強僑團僑胞反共愛國行動，是壓
　　制共匪海外統戰陰謀最迫切的要務。我們應當針對
　　現勢，運用一切力量，充實戰鬥條件，拓展海外工
　　作領域，促進全僑反共救國大聯合，四海同心，歸
　　隊在青天白日旗幟之下，贏取對敵鬥爭的大勝利。
——擴大本黨群眾基礎，建立進步體制，強化黨的號
　　召，從社會中發揮黨的力量，是本黨在當前革命形
　　勢中的主要工作。我們應當促進幹部新陳代謝，提
　　高幹部素質，健全黨的組織，重建黨員信心，積極
　　為民服務，使本黨能為中國的民主自由和安定進
　　步，擔負起更艱巨的責任，作更大的貢獻。
　　執行以上的中心任務，經國須再說明本黨所要堅決
貫徹的一些基本政策：
——中華民國將繼續堅定的站在民主陣營之內，一本平
　　等互惠原則，與所有自由世界國家加強往來，增進
　　友好合作關係。我們的反共立場永遠鮮明，決心為
　　撲滅共產紅禍、維護世界和平盡最大努力。
——認定中共匪偽政權是徹頭徹尾非中國的、反中華文
　　化的叛亂集團，決無與之妥協餘地。為了制止敵
　　人好戰冒險，我們將全力發展現代化的國防建設，

實施精兵政策，強化防禦力量。如果共匪敢以軍事
行動相威脅，我們雖不好戰，也決不畏戰，而必將
奮起應戰。當然，那將是一場不限於臺海地區的戰
爭，但相信也將是點燃大陸同胞反共怒火成為埋葬
共產暴政的戰爭。

——確認厲行民主憲政是國家政治建設所應走的大道，
必將繼續向前邁進，決不容許後退。今後當更積極
致力於健全民主政治的本質，從發揮公意政治功
能、加強法治政治基礎、提高責任政治觀念三方面
同時並進，重視民權自由的保障，更重視國家社會
的安全，使自由不致流於放縱，民主不致流於暴
亂，以建立安定的民主政治。本黨尤當一本過去為
實現民主憲政所作的努力，秉持大公無私，坦誠有
容的襟懷，發揮犧牲奉獻的精神，來與全國同胞戮
力奮鬥。

——認定「臺灣獨立」是背叛國家民族的意識與行為，
決不容許其滋長蔓延。臺灣命運與中華民族的復興
是不可分的，過去如此，今日如此，將來為大陸重
光的中興聖地更是如此。因此，所謂「臺獨」的主
張和行動，決不見容於任何愛國的中國人，那不僅
是忘本忘祖，不認識臺灣與中國的歷史、地理、文
化和血緣關係，不認識反共革命形勢和復國前途，
甚至不自覺的受了共匪分化顛覆的陰謀所利用，必
須加以清除。

——確定未來經濟建設的方向，將繼續以穩定與成長並
重，謀求穩定中的蓬勃發展，在發展中改善所得分

　　配與增進社會福利，使經濟發展的成果真正為全民
　　所共享，建立一個有活力、有效率、講公平的「均
　　富」社會。
——確定國家建設的終極目標，在於綿延和發揚中華民
　　族文化。政府推動各項建設，追求政治、經濟、社
　　會的現代化，旨在國家的強大，人民的富足。但更
　　重要的是使我中華民族的優秀文化，透過國家建設
　　的進步，得以綿延不絕，發揚光大。
——確切把握現階段的重要時刻，為本黨繼往開來，創
　　造前途，奠定不拔的根基。遵照總理和總裁的遺
　　訓，我們的黨不是爭權奪利的政治組織，而是奉
　　獻、犧牲和創造的政治組織；我們的黨是革命民主
　　的政黨，要一切為民，不斷革新。面對當前的革命
　　情勢，不容我們再有絲毫猶豫，而必須以最大的決
　　心，革除一切缺點，瞭解現實環境，確定奮鬥方
　　向，從黨的組織、幹部教育訓練、政黨政治運作，
　　以及社會服務和文化宣傳等各方面，都要全盤的切
　　實檢討改革，符合現代民主政治的需求，建立黨員
　　的責任感和向心力，由黨的革新帶動全面革新，黨
　　的進步帶動全面進步。
——確立我們大陸工作新的政策、新的行動方針，以掀
　　起大陸同胞全面反共抗暴運動，加速推翻匪偽政
　　權為總目標。針對今天大陸人民充份認識共匪的罪
　　惡，掌握大陸同胞爭生存、爭自由的願望，以我們
　　三民主義思想的震撼力量，積極在敵後開展工作，
　　把握時機，運用一切有利因素，創造反共革命的新

形勢，從共黨組織中來打倒共黨，從大陸上來反攻大陸，使大陸成為我們新生力量的所在，為反共戰爭鋪好「先勝」的道路。

——確認今天全民的大團結比什麼都重要，唯有團結才能存在，唯有團結才有力量。只要大家是為了反共復國，是為民造福，是為中華民國的永恆發展，是為實現重建自由統一的三民主義新中國，便都是志同道合的朋友，都應不分任何門戶畛域，捐棄一切私見，為共同的目標，團結合作，攜手同行。執政黨和政府必當秉持一貫的開誠佈公、昭守大信的態度，與海內海外所有反共愛國的朋友，同心一致，為國家民族的利益而共同奮鬥。相信大家在公是公非、大利大害都有公認的準則之下，就沒有什麼不可以團結的因素，也沒有什麼排除不了有違團結的障礙。

展望未來，我們絕對可以肯定，共匪必定潰亡，大陸必能光復，雖然這個時刻的遲早尚難斷定，可能很快到來，也可能還要較長時間的奮鬥。所以為了鞏固復興基地，也為了要使以上的各個政策都能落實，我們不能不有遠程建設的規劃。在未來的十年中，必須更進一步擴大我們三民主義建設的經驗與成果，作好光復大陸、重建新中國的一切準備，以現有基礎，確實策定今後十年的長程建設計畫，使中華民國的七十年代成為新中國的再生年代，從復興基地的自由繁榮和安定進步，看出將來我們重建中國大陸的遠景。

我們深知，今後的十年，將是國際政經情勢劇變的

十年，也將是大陸共匪愈變愈亂的十年。中華民國可能
還要遭遇更多的衝擊，但只要我們奮鬥不懈，自強不
息，必將是邁向勝利成功的十年。我們當審慎衡酌國內
外的主觀條件和客觀環境，確定我們的發展方向，樹立
全國上下共同努力的標竿。

　　經國現在提出今後十年，從七十年度到七十九年度
國家整體建設一列新的指標，希望大會併加研究討論，
作成決議，交由從政同志據以擬定計畫，付諸執行。我
的構想是：

——重建獨立作戰的國防體系，加強三軍的戰鬥效能與
　　力量，保持最高警戒準備；並加速發展國防工業，
　　以達重要軍品配件全部自製目標。

——為建立全面社會安全制度奠定基礎，加強勞工福利
　　照顧，繼續擴大社會保險，逐步達到實施全民保險
　　目標。

——推動第二階段的土地改革，更進一步實現「地盡其
　　利、地利共享」的目的。

——預定未來十年經濟成長率以平均每年成長八％為
　　目標。

——預期十年後每人國民生產毛額以當年幣值計算達到
　　新臺幣二十二萬餘元，折合美金相常於六千二百
　　元，約為現在的四倍。

——預期十年後的對外貿易總值達二千億美元，約為現
　　在的七倍。

——強化自由經濟的基礎，扶植中小企業發展，促進
　　公、民部門投資，預期十年間投資總額能達六萬

億元。

——促進農業發展，擴大農產品保價證格範圍，提高農
家每人所得，以能逐漸接近非農家每人所得目標。

——人口自然成長率十年後預期降低至一‧二五％，並
實施優生保健。

——全面推動基層建設，興建國民住宅六十萬戶，保持
家家有電，提高自來水普及率至八五％，完成村村
通達的公路網和通訊網。

——擴大職業技能訓練，輔導青年就業，以增加技術人
力一百萬人為目標。

——徹底實施九年國教為完全義務教育，並規劃延長以
職業教育為主的國民教育。

綜合的目標，是要在十年之後，進入開發國家的行
列，並且依照民生主義的均富理想，在既有基礎上，建
立起一個公平、和諧而欣欣向榮的社會，使人人安居樂
業，人人能有同等機會公平競爭，發揮才智，人人能有
同樣基本生活水平的保障，自由發展，為世界創造一個
安定的、均衡的社會經濟制度模式。更重要的，則是預
為未來重建中國大陸畫出藍圖，最終能使所有中國人都
可分享三民主義建設的美果。

今天本黨在此復興基地舉行第十一屆四中全會，所
有的議案和討論，實際上都只環繞著一個中心主題，那
就是加速完成光復大陸，早日拯救大陸同胞。三十年
來，我們時時刻刻念茲在茲的，也就是要克盡這一弔民
伐罪的歷史責任。因之，我們始終高舉民族大義，閃耀
著中國人的希望，用我們民族愛的呼喚，同胞愛的感

應‧來鼓舞大陸的苦難同胞堅強奮起。

如今大陸同胞全面起來了，起來反抗所謂無產階級專政，起來反對社會主義道路，起來推翻共產黨的領導，起來否定馬列主義和毛思想了，我們必須立即伸出民族愛、同胞愛的援手，透過一切可能的途徑，給予有效的支援，不論是精神的、物質的，要用最積極、最有力的行動和方法，來和大陸同胞聲應氣求、裡應外合，爆發驚天動地、波瀾壯闊的反共大運動，剷除禍國殃民的共產暴政！

勇敢的、剛強的大陸上所有反共鬥士同胞們，光明即將來到了，只要堅持意志和信念，繼續努力，為反奴役、反極權而作戰到底，為爭自由與幸福而奮鬥到底，勝利就必降臨。現在我們雖有一海之隔，生活在兩個完全不同的世界裡，但我們血脈相通，心連著心，同是炎黃子孫，禍福與共，在同一反共目標之下，不久的將來，我們必能永遠同在一起，手拉著手，為建國的同一願望，開創我們新的天地，合唱我們的勝利之歌！

今天我們應再重申，凡是先總統蔣公，以及中央政府和本黨歷次對大陸同胞、共軍共幹、各黨各派所作的一切保證，都要一律貫徹執行。同時，我們更保證，必將以復興基地三民主義建設的制度，推展到大陸，使全體中國人都過一樣安和樂利的生活。

各位同志：三十年鐵一般的事實，證驗了共產主義的邪惡，也證驗了共黨統治的腐敗，把整個大陸癱瘓得全無生氣，窒息了民族的呼吸，這個代價太大了，那是千千萬萬同胞血肉換來的證驗，使中國人受盡一個世代

的痛苦煎熬，誰說這個黑暗的世代不該快快結束，不該從歷史中快快淘汰？

中國必須統一，中國必須富強，中國人必須能過免於恐怖和不虞匱乏的日子，是每個中國人的共同願望。如今問題擺在面前，中國人過著兩種不同制度的生活方式，要中國人本著良知來作選擇。究竟統一在共產主義還是統一在三民主義的制度和生活方式下，才能使中國富強，才能使中國人幸福？這是所有的中國人，要對歷史負責的選擇。這也就是所謂「中國問題」。

事實已經證明：共產主義在大陸已經徹底失敗，中國人民已經對它絕望；三民主義在復興基地的建設已經成功，家家豐衣足食，人人充滿活力。中國的真正統一，便是光復大陸，實行三民主義。

全黨同志們：基於這樣的信念，神聖的責任，讓我們莊嚴地共同宣告：

——中華民國基於三民主義的憲政體制，決不改變。

——復興基地三民主義建設的規模必再擴大加強，並推展到大陸！

——光復大陸的努力決不稍懈，直到剷除共產暴政為止！

——共產主義在中國大陸的污染必須清除，使青天白日的光芒重照我們的錦繡河山！

——全民團結，四海一心，為重建自由、民主、統一的新中國而犧牲奉獻！

各位同志：我們所作的宣告，不僅是本黨黨員對主

義的信仰、對革命的抱負，必當不惜以血汗、生命為代
價，信守實踐；而且更要發揮最高的革命精神，集合全
球中華兒女的意志力量，並聯合世界上以平等待我之
民族，共同奮鬥，為三民主義的新中國開出一條康莊大
道，使新生中國能為未來世界的真正和平有所貢獻！

同志們，總裁說過：「開創乃在至危之時，中興必
在至危之地。」今天，我們正是站在這一轉捩點上，我
們滿懷信心，滿懷希望，以全民熾熱的反共意志，激昂
的恨共力量，鼓舞著我們勇往前進，完成復國建國的歷
史使命！

讓我們祝福：中國國民黨前途光明！中華民國國運
昌隆！

12月11日　星期二

上午

九時三十分，舉行四中全會第三次大會，聽取黨務工作
報告及對黨務工作報告之討論。

中午

十二時，約部分同志會餐。（縣市長、議會議長及縣市
黨部主任委員）

下午

二時三十分，舉行中央評議委員會第四次會議。

12 月 12 日　星期三

上午

九時三十分，舉行四中全會第四次大會，討論強化海外
對敵鬥爭工作案。

召見警政署長孔令晟，囑其前往高雄慰問因「美麗島」
事件而受傷之憲警。

中午

十二時，約部分同志會餐。

下午

二時三十分，舉行四中全會第五次大會討論光復大陸重
建國家案。

12 月 13 日　星期四

上午

九時三十分，舉行四中全會第六次大會討論復興基地重
要建設方針案。

十二時，約部分同志會餐。（海外中央評議委員與國內
新聞界人士）

下午

二時三十分，舉行四中全會第七次大會，討論當前黨的
任務案。

下午

主席以所撰之「沉思於慈湖之畔」專文，分贈四中全會
全體出列席同志。

沉思於慈湖之畔

父親九三誕辰之夕，宿慈湖守靈，夜坐湖畔，晚風
徐動，薄霧濛濛，湖山夜色，愈見岑寂。

沉思中，山鳥偶飛湖面而過，撲撲有聲，輒憶父親
生前，隨侍清談，不覺夜半，此種情景，歷歷在目。而
父親一生的德業事功，或親聞、或舊讀、或習知、或領
會，此時更一頁一頁翻上心頭。

一、父親的革命志事

父親在手撰「國父百年誕辰紀念文」中說：「國父
平居所以昭示中正者曰：『天下之事，其不如人意者，
固十常八九，總在能堅忍耐煩，勞怨不避，乃能期於有
成。』曰：『當從艱苦中去奮鬥，百折不回，以貫徹
革命黨犧牲之主張。』」而國父更以革命大業的責任相
督責，父親在紀念文中又說：「當英士之死，國父則以
期英士者期之，執信踵亡，國父並以責執信者責之。廣
州蒙難，護侍於永豐艦上，終日不違，以心傳心，時懍
『毋忘今日患難艱危』之訓勉。當脫離白鵝潭，通過虎
門要塞，在『摩漢』砲艇中，終夕侍坐，承示革命方
略，策定討逆計畫，訓誨諄諄，不覺時之破曉。國父乃
忽而起示曰：『須臾即將換船，予自知在世之日，最多
不踰十年，而爾則至少尚有五十年，望爾勉為主義奮

鬥、為革命自重！』聆教之下，誠不知何辭以慰父師之感慨，乃惶恐以對：『中正今年亦已三十有六。』國父又重言之曰：『本黨革命，遭此鉅變，吾人猶未為叛逆所害，今後倘無不測之事，則爾為主，繼續五十年之奮鬥，自不為多。』其音其容，此情此景，至今猶髣髴如在淚睫之前！」所以父親自誓，「終身秉持遺訓，壹以繼志承烈，保衛民國，實行主義，發揚我文化，光大我歷史，掃除我國民革命一切障礙，以仰答作育深恩於萬一，此則一片耿耿精忠，自矢不逮國父之遺志不止，不竟國民革命之全功不止也。」

所以父親追隨國父，革命、反共、統一、建國的志事，一一的表現在「繼志承烈，保衛民國，實行主義，掃除國民革命一切障礙」的具體行動上面。

今天世事變亂之劇烈，實百年來未有之局，而共黨即為一切變亂的根源。因此世人不能不想到中華民國反共的慘痛經驗，不能不想到中華民國領袖總統蔣公及共的遠見、定見。父親的反共奮鬥五十年，大體可分為三個階段，第一個階段是自民國十三年黃埔建軍到北伐，是以切己之痛的反共經驗和黨人一齊反共；第二個階段是北代統一以迄對日抗戰勝利後共匪擴大叛亂而政府全面戡亂，是以本黨和共匪鬥爭的慘痛經驗，促使國人一齊反共；第三個階段就是我們在臺澎金馬復興基地反共復國的努力，更是以中國的共禍，覺醒世人，一齊反共。

二、反共十字軍的經典

記得在父親手著「蘇俄在中國」一書出版之後，國際間許多有識之士，就都說「是一部很重要的文獻（美國外交季刊）」，「是舉世無匹的歷史文件（法國摩根出版公司）」，認為：

——這本書每頁所表現的就是一個愛國者，一個把國家自由願望置於個人利害之上的人，來敘述一部慘痛的史實。（美國前駐華大使赫爾利氏）

——「現有政治家中，無人能比蔣總統對於分析共黨的思想征服中國，更具長久而深切的經驗。」（英國經濟學人週刊）

——第二次世界大戰之後，許多人到中國尋求適當方法以解決國共之爭，要使中華民國政府與共黨「和平共存」，每個人都知道結果是怎樣的，我們在「蘇俄在中國」一書中，知道蔣總統早有先見之明。（法國廣播公司）

——美國的讀者將會從這本書中，對於蔣介石總統和中國近代史，得到一個與通常書中所寫的不同的認識，「蘇俄在中國」是我們全體美國人民的一本重要讀物。（美國每月新書協會新聞公報）

——全書充滿珍貴的歷史性卓見，所以推薦為公共事務的七大讀物之一。（美國新聞週刊）

——筆者以感激和尊敬的心情，更想到日本以往所犯的過失，並鑑於已成為共黨滲透陰謀目標的今日日本的現狀，對於蔣介石總統這本大著，內心至深讚歎。（日本作家渡邊鐵藏）

——希望德國人民得由這位世界最偉大的政治家直接獲
　知中共的真面目。（德國新聞日報）

——這部書「出於這樣一位尊貴的作者之手，因為他具
　有對各項問題的機密知識以及他親身的經驗，所以
　敘述論事十分權威。我們所讀的是原始資料，這
　使我們對於該書的內容以及其敘述，均可確信無
　疑。」（福斯特教授）

——「蔣總統是當代政治家之中對共黨交手具有最久、
　而且無疑是最艱苦的經驗的一位。他在『蘇俄在中
　國』一書中，以冷靜而著實的筆調敘述的此項經
　驗，證明了不論是與當權或在野的共黨謀取共存，
　都是不可能的。本書中沒有反唇相譏的尖酸之辭，
　是值得注意的一點，因此更增加了本書的價值。」
　（英國政論家克勞齊）

　　因之，一般人認為這本書是一部「反共十字軍的經
典」，國際間這種評論和讚譽非常多。事實上，正由於
我的父親堅決反共，以致常常為共黨所污蔑打擊，更常
常在艱難危險的境遇之中，而這本書就是父親遭受「患
難、恥辱、艱危、誣陷、滲透顛覆」的一部痛苦經驗的
結晶。

　　除了這本書之外，世人更敬佩他反共革命的奮鬥
精神。

　　魏德邁將軍和美國國會人士，曾有一段精闢談話，
大意是說，「我在中國時，本不準備相信或者喜歡他，
可是我離開中國時，我對他無上敬重，而且我認為，
如果各位有我那番與他共事的經驗，各位也會有如此的

感覺。」

　美國政治家瓦奈（H. Varney）寫過一篇文章，題目是「讓我們瞭解蔣介石總統」，他認為「蔣總統對於共黨堅定正確的認識，是他的一個特徵。」據說，美國羅斯福總統在其致馬歇爾將軍的信中，談到我父親時說，「他艱難的能在幾年之間，完成了我們需要兩百年才能達成的成就。」瓦奈先生更認為，「如果羅斯福總統仍然健在，無疑會發現蔣總統最確定的品性，就是處於危難之際，經常秉持一種驚人的自信力。」

　魏德邁將軍回憶我父親向他講過的一段話，印象很深，其後也曾向美國國會陳述。這段話說：「無論供給不供給中國援助或協助，我一定竭力剿共，而且一定繼續努力求中國民主。」足見我父親堅強的革命性格和反共決心的一斑。

三、共黨污衊、分化、破壞的陰謀

　民國十五年，在本黨對匪鬥爭以至北伐統一的大行動中，父親當危疑震撼之局，艱險備嘗，真可說是，「堅忍耐煩，勞怨不避」，「從艱苦中奮鬥，百折不回，以貫徹革命黨犧牲之主張。」這一段史實，為反共革命的關鍵，從許多有關的史料，可以明其梗概。

　早在民國十二年一月，國父與俄國代表越飛的共同宣言中，已經明言，「共產組織甚至蘇維埃制度，事實上均不能引用於中國。」父親對於共產主義本素有研究，在這年的秋天，奉國父之命赴俄考察，在俄三月的日見親聞，更加堅信中國決不可行共產主義，亦惟有三

民主義才能救中國。父親在上國父遊惡報告書中就說：
「在這三個月的期間，我們曾對蘇俄黨務軍事和政治各
方面，考察其組織，參觀其設備，並聽取其負責者對於
實況的說明。……我們又參加共產國際執行委員會的會
議。我在會議時，說明中國國民黨以三民主義為革命的
最高目標。自信在兩三年內必有成功的把握，並指出共
產國際對於中國革命的實際情形及實際工作，還有膈
膜，希望其國際共黨幹部多到中國來考察。當我回國的
前夕，乃接到他共產國際對我中國國民黨的決議文，觀
其論調，對中國國民革命沒有真切的認識，而其對中
國社會，強分階級，講求鬥爭，他對付革命友人的策
略，反而比他對付革命敵人的策略為多，殊不勝其慨
嘆。……」

「我參觀他各級蘇維埃討論與決議情形，並與其黨
政要員談話之間，無形中察覺其各部分，無論在社會中
間，或是俄共中間的鬥爭，正是公開的與非公開的進行
著，而且更認識了蘇維埃政治制度，乃是專制和恐怖的
組織，與我們中國國民黨的三民主義的政治制度，是根
本不能相容的。……」

民國十三年，共產匪黨包藏禍心，滲透本黨。到了
民國十四年，國父北上以後，共黨的非法活動更加積
極。共匪甚至發動各地的學潮，煽惑罷工遊行，以排外
為藉口，製造慘案，使社會秩序紊亂，人民生活不安。

在國父健在之日，共黨還不敢過於猖獗，及至國父
逝世，共黨分化破壞的陰謀即更表面化，全力阻撓國民
革命。尤其共黨利用汪精衛，以分化本黨負責同志，由

加拉罕、鮑羅廷介紹汪精衛加入共產黨，汪精衛還改名汪季新，成為共黨十足的政治工具。

此時朱執信先生已於民國九年九月，以三十六歲的壯年為革命殉難，黨中重要同志如胡漢民、廖仲愷、吳敬恆、戴季陶……諸先生和我父親等人，洞燭匪黨陰謀，和共產黨徒作生死的鬥爭。

當時戴季陶先生寫了「國民革命與中國國民黨」的文章，對共黨份子的陰謀，嚴詞抨擊。共黨十分恚恨，後來分化本黨同志為左右兩派，汪精衛等是他們要利用的左派，將我父親，還有林森、胡漢民、戴季陶、鄒魯……諸先生說成是國民黨右派，極盡其排斥、打擊、污蔑之能事。胡漢民先生說得很痛心，共產黨「又給我們製造了一批五花八門的右派、新右派、新新右派……」「破壞我們的基本組織，分裂我們同志的結合。」

民國十四年上半年那段時間，父親全力貫注於黃埔軍校的教育，同時在潮州、汕頭督導東征將士，討伐陳逆炯明之亂。不幸那年八月二十日，廖仲愷先生在中央執行委員會門口，被暴徒所刺殺遇害，當時父親聞訊趕往，撫屍大慟，親撰祭文，其中最悲痛的詞句，有「總理逝世未半載，而先生突死於兇徒之狙擊，是猶慈父見背，而盜又殺其長兄」之語。

廖仲愷先生既死，共黨立即排擠胡漢民先生，企圖完全排斥本黨的中堅同志，盡易共產黨徒。本來汪精衛和鮑羅廷等有一個詭謀，想使汪精衛任國民政府主席和軍事委員會主席，以胡漢民先生為外交部長，他們以

為胡先生必不肯就職而他去，共黨豈不正可逞其陰謀，殊不料胡先生察知其奸，為穩定政局，而安然受職，汪精衛等計不得逞，於是藉廖先生被刺案，嫁禍於人，使胡先生受冤受謗。其中最險惡的事，就是共黨原想乘紛亂之中暗殺胡先生，幸胡先生由衛兵保護到達了黃埔軍校，我父親立即保護，因此胡先生得以無恙。共黨幾次陰謀未逞，又製造胡先生和汪精衛之間的衝突，到了九月間，逼迫胡漢民先生以出國考察名義，離開了廣東。

從此，共黨就更進一步挑撥我父親和汪精衛間的矛盾，直接以我父親作為分化、污蔑、打擊的對象。

四、反共與北伐

民國十四年，共黨分子曾使用各種卑劣手段，企圖改變父親的反共立場，父親反共意志堅確不移，絲毫不為所動。而且一再宣示：「吾願以實行我總理革命主義而死，吾願死於青天白日之旗下，吾為國民革命而死，吾為三民主義而死。」因此共黨分子更加嫉恨。

在這個時刻，共黨極力構煽北伐必敗的謬論，公然反對北伐，這是它阻撓和破壞國民革命的主要手段。父親呼籲黨內同志，貫徹國父的遺志，在十五年一月十日晚間款待第二次代表大會餐會中講演時，鄭重申明：「我們只有謹守總理生前的策略和死後的遺囑，務要以總理之心為心，總理之志為志，切不可使總理在天之靈稍有不安。」「本黨今年再加努力，即可將軍閥一概打倒，收復北京，奉迎總理靈櫬至南京紫金山安葬。」

於是在代表大會中，父親毅然提出北伐案，汪精衛

表面上表示贊成，但為共黨和季山嘉所左右，暗中阻撓。根據父親在「蘇俄在中國」一書中的記載：

「民國十四年十月一日，因陳炯明殘部負隅東江，重起叛亂，我率師再度東征。這一役攻克惠州城，收復海陸豐，再定潮梅。接著又削平南路與海南鄧本殷叛部，重奠廣東統一的局面。廣東既告統一，國民政府的使命就是出師北伐了。」

「東江戰事初告結束，我還在潮汕的時候，共黨已在廣州散布謠言，對我誣蔑中傷。十五年一月，本黨第二次全國代表大會開會，我從潮汕回到廣州出席，提出北伐的主張。在會期中及會議後，汪兆銘對於北伐，均表示贊成，鮑羅廷亦未表示異議。惟開會後，鮑羅廷以奉召述職為名，突然回俄，令人不得其解。不料自鮑回俄後，俄國軍事顧問團長季山嘉忽在軍校會議中，極力宣傳北伐必敗之謬論。他對我面談的時候，反對北伐的意思，也逐漸暴露出來。廣州市面接連的散播傳單，反對北伐，並攻擊我個人為新軍閥。最後季山嘉更是明目張膽，破壞本黨的北伐計劃。我知道這是莫斯科俄共的整個的策略，而不僅是中共叛亂的開端，於是本黨處境的阽危，已到了極點。事情到了這個地步，我還是消極的引退以放棄革命的責任？還是積極的衝破難關，完成國父北伐的志事，以報黨國？憂思不能自決。到了二月八日，我乃表示不能再就國民革命軍總監之職，九日復呈辭軍事委員會委員及廣州衛戍司令等職。汪兆銘對我的辭呈，既不批准。亦不挽留，如此留中不發者半月之久。我乃於二月二十七日訪汪，明告其如不准我辭職，

就應令季山嘉回俄。三月八日，又訪汪，痛陳『革命實權不可落於俄人之手，即使與第三國際聯繫，亦必須定一限度，不可喪失自主地位。』但是我們的秘密談話，季山嘉很快就知道了。至此我纔知道汪共勾結已深，無法使其徹悟俄共陰謀之所在。於是共黨與季山嘉更肆無忌憚，明指我為背叛革命的新軍閥。到了三月十四日，汪仍未批准我的辭呈，而間接的暗示我離粵。此時我方知道如我不離粵，不測的事件就要發生，但我既辭職而未獲准，如果自動離粵，又陷入棄職潛逃的罪名，真使我進退維谷。」

　　父親在此時心境的沉重，實在可以想見。父親日記中說：「近來所受痛苦，至不能說，不忍說，且非夢想所能及者，是何異佛入地獄耶？」特別是對軍校學生說：「中正自汕回省，至今已三閱月矣，處境之拂逆，精神之痛苦，其間之悲慘情狀，實有不忍言且不能言也。」此「不忍言且不能信」之事，就是汪精衛的政治野心和共黨陰謀勾結起來破壞國民革命北伐大業。但是父親認為「北伐未成，為總理畢生之遺憾，且以此重託中正者，故回省以來，竭力提倡。中正以為無論何事，皆可捐棄成見，惟此北伐問題，非貫徹主張，則昔日同志之犧牲，皆成為無意義之舉動。」因此「不憚正色力爭，期達目的。」

五、中山艦事件前後

　　父親堅決反共，堅持北伐的意志既如此堅定，共黨阻撓北伐，對我父親謀之急而排擠又不能去，因此共黨

一手導演了中山艦事件。

中山艦事件的經過，原為國人所熟知，但在此之前，父親在民國十五年日記中有幾段記載，更可見當時危疑震撼情狀之一斑——

二月二十四日　晚為處境困難，終夜幾不能安眠。

二十五日　昨夜不能安眠，平生憂患未有如昨今二日之甚者也。

二十七日　一月以來，日處危境，戰戰兢兢，如履冰淵，至此稍安，然而危險極矣。

三月七日　聞有人以油印傳單分送各處作「反蔣運動」，此心反得安適也。

八日　上午與季新兄（汪精衛），商決大方針，予以為「中國國民革命未成以前，一切實權不宜旁落。」

十日　聞各種謠言，不堪入耳，此心反為泰然，不抱悲觀也。以誠待人，事後一切當能釋然。

近日「反蔣運動」傳單不一，疑我、謗我、毀我、忌我、排我、害我者，不一而足，亦漸顯明，遇此拂逆，精神頹唐，而心志益堅矣。

十二日　昨夜終夕不成寐，今晨起床會客，憂患思慮，不可言狀。

十四日　晚與季新兄談話，似有速我離粵之意。

十八日　昨夜焦慮不能成眠，四時後開會議決北伐準備。

　　……

前面約略提到，民國十五年三月八日，父親向汪精衛力說，「即使與第三國際聯繫，亦必須定一限度，不

可喪失自主地位。」汪精衛不僅不省悟，不接受，反而
洩密於季山嘉。季山嘉表面向父親表示自願辭退返俄，
事實上卻在嗾使共黨進行危害我父親的陰謀。

三月十四日，父親和汪精衛談話，已知「汪有逐我
離粵之意」。意即汪將在共黨的危害手段下，迫父親離
開廣東，如果不離開，當然形勢即不可測。然而父親始
終認為這時「處境困難，非積極進行，衝破難關，不能
革命」，因此決心貫徹「北伐準備」，而不以個人生死
為重。

到了三月十九日，父親在日記中，有一段非常重要
的記事：

「上午往訪季新兄，回寓會客，準備回汕休養，而
乃對方設法陷害，必欲使我無地自容，不勝憤恨。下午
五時半行至半途，自思何必出走，予人口實，志氣何
存？故決意回寓，犧牲個人一切以救黨國也。否則國粹
盡矣。」

同日日記中又說：

「權利可以放棄，責任豈可放棄乎？名位可以不
顧，氣節豈可喪失乎？故決心不走。」

父親此時為國為黨犧牲奮鬥的意志，真是驚天地而
泣鬼神。父親說：「今日若無決心，豈能拯救本黨，報
答總理乎？」「生命可以犧牲，主義豈可敝屣乎？此時
再不下決心，而待何時？若不殉黨，何顏立世？直前奮
鬥而已。」

而此時適中山艦事件發生，最後的具體的堅決行
動，就是「終夜議事，四時往經理處下令鎮壓中山艦陰

謀，以其欲陷我也。」中山艦事件，由此救平。

中山艦就是永豐艦，為了紀念國父故改名中山艦。該艦被代理海軍局長的共黨分子李之龍所把持。根據當時首任虎門要塞司令的陳肇英先生在其所著「八十自述」中說：「李（之龍）忽矯令該艦駛迫黃埔，斷絕軍校與省垣間交通。要脅蔣校長將黃埔軍校讓與汪精衛接辦，事前並備就蔣校長和陳立夫同志的出國赴俄護照。是日下午，該艦又開回省城，並即升火，擬於翌晨強迫蔣、陳兩同志上艦出海。」

陳肇英先生此時與我父親在一起。他說到當時情形。本來「蔣校長在邀我等會商之前，已著徐桴同志派陳毓輝購妥開往汕頭的日輪廬山丸艙位，並由陳氏攜款三萬元先登輪埠，因是至九時許仍未定計，蔣校長即邀余等數人分乘小轎車二輛，崁赴廬山丸停泊處。迨車抵長堤東亞酒店附近，蔣校長考慮至再，亟命原車馳回東山官邸。」

根據資料，由此可以了解：

——父親已察覺共黨利用汪精衛來排斥，並有危害的企圖；

——父親原擬赴汕頭暫作休養，並重振革命力量，但又覺此一時刻不能離開廣州，只有「犧牲個人以救黨國」，所以「決心不走」；

——共黨企圖劫持父親和陳立夫先生（時任父親之秘書）赴俄，並且事先陰謀準備了護照。

——由於父親果決迅速的行動，使中山艦事件救平，而共黨陰謀失敗。

父親事後自記感受說：「今日方知孤臣孽子操心之危，處境之苦，若非親歷其境者，決非想像所能及其萬一也。」更對軍中黨中同志說：「大家要明白我處境之苦，真是有口莫辯，要是革命性薄弱一點的人，看見這種現狀，早已放棄責任走了。如果這樣，還能算是革命黨員嗎？還能繼續總理的生命嗎？還能領導你們同志學生提起革命精神嗎？」這一段話，真是使頑夫廉而懦夫立，五十多年後的今天，我們重溫這一段話，猶覺其熱血沸騰，神旺不已。

六、護黨、清黨、救國

中山艦事件救平之後，季山嘉共黨陰謀敗露，倉皇回俄，汪精衛自知不能見容於國人，亦即出走。廣東革命根據地，由此較前純淨堅強。到了五月初，本黨二屆二中全會毅然決定整頓黨務，開始北伐，這是國民革命轉弱為強、轉敗為勝的一個重要的歷史的轉捩點。

第二年（民國十六年）四月，北伐進行期間，汪精衛又由國外回來，在鮑羅廷的策劃下，共黨和他勾結，於是造成了寧漢分裂，阻撓北伐大計，國家形勢再臨危局，黨政重要同志一致認為「到了這個時刻，本黨之形勢益急，本黨之危機益迫」「本黨之忠實黨員亦激憤圖存，而護黨救國之運動起矣。」接著而有組織清黨委員會以迅速清黨之舉，不數月而各地社會秩序恢復，寧漢合作，北伐大計得以繼續進行。此其間，不過數個月時間，這是因為黨中同志已有上年（十五年）遭受共黨分化破壞、阻撓北伐的痛苦經驗；特別是我父親的及時行

動，救平中山艦事件，使同志的警覺性益為增強的
原故。

講到護黨、清黨、反共和北伐這段經過，胡漢民先
生和吳稚暉先生有兩段話，說得非常透澈：

胡漢民先生說：「我們為什麼要保護我們的黨呢？
簡單說：就是要救中國。共產黨為什麼要破壞我們的黨
呢？就是要害中國。要救中國，就得打倒帝國主義和軍
閥，要打倒這兩個東西，第一步就是北伐。我們要救中
國，所以無論如何困苦艱難也要北伐；共產黨不要救中
國，所以無論如何艱難困苦也要破壞北伐。」

吳稚暉先生說：「蓋中國共產黨首領陳獨秀本有反
對北伐之文，即因他們勢力未充，不欲國民黨羽毛驟
豐，使共產黨難下摧毀之手段。似此逆謀昭著，應予
查辦。」

而共黨之所以一而再、再而三的污蔑、打擊我父
親，西方政論家羅勃威爾契說得好，「蔣總統的理想，
有方向，有力量，使針對西方的中國革命，終於代替了
受俄國控制的共產革命。這當然是共黨所不能忘懷，也
不肯罷手的。」對於共黨陰謀，真是一語道破。

七、「使災難轉化為黃金般的機會」

在六年前（民國六十二年）本黨第十屆四中全會
中，父親以總裁身份致詞時，非常堅決而鄭重的強調：
「我們黨的決策，十分明確堅定：此即與匪共絕無『談
判』、絕無『妥協』之餘地！我們的統一是再北伐的統
一！因為，與匪『談判』，即是對大陸七億同胞在苦難

中爭取自由的火種之撲滅！與匪『妥協』，即是對歷史
文化傳統的背離，對倫理民主科學的撕毀，對中華民族
命脈的斬絕！這是凡具有中國人之良心血性的愛國者，
所絲毫不容懷疑，不容猶豫的。」父親這一段斬金截鐵
的談話，是有著歷史的背景，特別是由於對共黨的鬥
爭，不止是個人五十年的痛苦經驗，而且是全黨同志、
全國同胞提供了血肉的犧牲，為了「民族的前途，中國
人的出路」，不能不以其大決心、大勇氣、大毅力，投
向反攻復國的大革命，大戰鬥。

　　共匪竊據大陸三十年，正如它頭目最近所供認的，
三十年來，一直有著「長期動亂和分裂的禍根」，它
的倒行逆施，使它「投入國家分裂和混亂的局面」，
「投入血腥的恐怖之中，」不僅「使人民遭到一場大災
難」，而且使「絕大多數人長期的普遍貧困」。特別是
它自供「國家經濟被拖到崩潰的邊緣」。

　　大陸同胞三十年來過著「大災難」的慘痛生活，由
這一些事實，不僅令人黯然神傷，而且滿懷激憤。因
此，想到父親所說的和共匪絕不談判妥協的立場，更想
到我們絕不能為共匪和平統一的統戰陰謀所中所動，今
天我們的行動，是接應支援大陸同胞、一齊反共復國的
再北伐的行動；我們所期望的和平，是共禍永遠根除，
「一治而不復亂」的和平；我們所期望的統一，是我
們再北伐的行動所造成的自由化、民主化、中國化的
統一。

　　父親在十屆四中全會還有一段話說：「古人有言：
『平其心論天下之事，潛其心觀天下之勢，定其心應

天下之變』（明儒呂坤語），今天我們平心析論世
『變』，潛心默察匪『亂』，深信唯有信心與慧力結合
的革命定力，才可以使『災難』轉化成為黃金般的『機
會』，也才能控馭一切世局之『變』，因應共匪無窮之
『亂』，而獨能清明在躬，全其鋒，而待其敝。就是要
我們全黨同志，全國同胞，『凝結為一』，把災難轉化
成為『黃金般的機會』，使我們的革命定力——信心與
慧力，成為反攻復國如牆而進的堅強的劍與盾。」我
以為這正就是我們反共復國、統一復興的精神和行動的
箴言。

中華民國六十八年十二月

蔣經國　謹記

12月14日　星期五

上午

九時三十分，舉行四中全會第八次大會，討論促進全民
大團結案及一般提案。

下午

二時三十分，舉行四中全會第九次大會，選舉中央常
務委員。當選人員為嚴家淦、謝東閔、孫運璿等二十
七位。

五時，主席主持四中全會閉會典禮，並勉勵國人，自立
自強，提高警覺，從戰鬥中擊敗敵人。

六時，舉行餐會款待四中全會出列席人員及為大會服務
之工作人員。

中央常務委員當選名單

當選名單如下：

嚴家淦	謝東閔	孫運璿
林洋港（新任）	黃少谷	李國鼎
邱創煥（新任）	林金生	倪文亞
馬紀壯（新任）	宋長志	林挺生
谷正綱	李登輝（新任）	張寶樹（新任）
徐慶鐘	蔡鴻文	高魁元
洪壽南（新任）	袁守謙	趙聚鈺（新任）
王　昇（新任）	王惕吾（新任）	俞國華（新任）
余紀忠（新任）	王任遠（新任）	黃　杰

12 月 15 日至 16 日　星期六至日
【無記載】

12 月 17 日　星期一

上午

十時，主持工作座談會。本黨中央委員會舊任秘書長張寶樹與新任秘書長蔣彥士在會中完成交換。主席並期勉全體黨員要以身許國，以心許民。

下午

四時三十分，見夏功權。

五時，見丁懋時。

五時十五分，見劉馨敵。

12月18日　星期二
【無記載】

12月19日　星期三
上午

八時半，見周書楷。

九時，主持中常會。決定四中全會中主席講話及決議，即由有關單位分別貫徹執行。並通過朱撫松接任外長、陳履安任中委會副秘書長、梁孝煌任組工會主任、鍾時益任財委會主任等人事案。會後見蔣仲苓。

12月20日　星期四
上午

十時，在府分別約見薛毓麒、陳雄飛、沈錡、楊西崑等四人。

下午

四時起，分別約見羅友倫、劉宗翰、馬樹禮、張彼得、沈克勤、國剛、舒梅生、吳玉良等八人。

12月21日　星期五
上午

十時，主持國父紀念月會，新任外交部長朱撫松在會中宣誓，總統為之監誓。隨後由臺北市長李登輝作市政工作報告。

12 月 22 日　星期六
【無記載】

12 月 23 日　星期日
上午

九時三十分,蒞臨新竹,分別巡視外海CBK 一號油井
試氣及青草湖天然氣井生產情形。並曾參觀新竹城隍
廟、香山牧場、香山母聖宮,訪問新竹榮民之家,所到
之處,受到民眾熱烈歡迎。

下午

二時五十分,離竹返北。

12 月 24 日　星期一
下午

一時四十分,至榮民總醫院介壽堂,參加榮總故副院長
盧光舜之追思禮拜。

四時,主持財經會談,提示財經部門儘速完成能源管理
法,貫徹能源節約政策;並努力穩定明年物價,達成預
定的經濟成長目標。

財經會談指示

一、國際石油價格的上升及供應短缺,將為長期問題,
　　我們必須做到下列各點:

——貫徹實施能源節約政策,應儘速完成能源管理法。

——努力爭取國際油公司及產油國直接供應石油,減少

　　向散貨市場採購量，以降低我石油支出負擔，及對
　　國內物價上漲的壓力。
——進口石油成本上漲應反映在國內有關價格之上，發
　　揮以價制量的作用，達到節約能源的目的。
二、為達到政府預定明年百分之八經濟成長目標，除積
　　極推廣出口外，政府及公營事業投資應予加強，部
　　份下年度的投資計畫可提前進行，並應採取財經措
　　施，以激勵民間加強投資，更新設備，提高生產。
三、在國際油價大幅上升的壓力下，為使明年物價維持
　　相對的穩定，尚須作更大的努力，除主管機構應善
　　為調節及採取有效配合措施外，尚望民間企業通力
　　合作，以維持經濟在穩定中繼續成長。

12月25日　星期二

上午

九時，主持本年行憲紀念大會、國大憲政研討會第十四
次全體會議及國民大會代表年會聯合開會典禮。並致詞
指出，中華民國基於三民主義而立國，因此我們必須貫
徹三民主義的民主憲政。

行憲紀念大會致詞

各位代表先生：

　　中華民國六十八年行憲紀念大會、國民大會憲政研
討委員會第十四次全體會議、國民大會代表六十八年度
年會，今天於中央政府所在地舉行開會典禮。在此世變
正殷、匪亂日烈的時際，各位代表先生集會，就更進一

步發揮憲政功能、貫徹民主政治、加速國家建設、策進反共復國大業，籌謀獻替，這種公忠體國、一以貫之的精神，經國內心十分敬佩。

記得先總統蔣公在貴會致詞，時常強調只有三民主義，才是最完美、最健全的民主憲政。因為三民主義憲政，乃是根據中國文化一向即有的民本思想，要將倫理與科學相結合、倫理與民主相結合的傳統精神，化為現代的民主制度，使道德、理性、法治同得重視，將中國文化的王道，使之現代化，而開出復國建國的新氣象。

正由於我們實施民主憲政，植基於這一道德、理性、法治並重的觀念之上，所以政府一切施政作為，始終都有其最基本的原則，那就是凡百措施，皆求其合法、合情、合理。

所謂合法——就是大政方針、制度政策，都必合乎憲法，一切遵循憲法之治。

所謂合情——就是要事事以國民公益、民眾願望為著眼，一切遵循民意為依歸。

所謂合理——就是要所有作為，都必須基於理性的要求，事事合乎國家當前的需要，一切遵循福國利民的基本目標。

而一年以來，各項重大措施，諸如

——因應中美斷交以及國際政治、經濟激盪衝擊的變局；

——擴充海域，以維護國家重大利益；

——推行新的經濟建設、文化建設，以增進國民物質層面和精神層面的生活；

——安定社會秩序、促進和諧團結、積極行政革新，以

　　厚植國力戰力；

　　更無一不是本此原則、本此要求。

　　各位代表先生！我們都理解：民主是漸進的，不是冒進的；是培育的，不是移植的；必須適於國情，在自己的土壤生根成長。中華民國基於三民主義而立國，因此我們要貫徹三民主義的民主憲政。

　　長久以來，我們海內外同胞和貴會代表同仁，恪遵國父遺教，為肯定自由民主的信念和價值、維護憲政法治的尊嚴和常規，以血汗智慧，犧牲奮鬥；尤其每當國家危難、自由安全遭受威脅之時，全體同胞無不奮袂而起，以精神、意志和行動支持政府，所以我們民主自由憲政法治的根基，必當堅持，必當珍惜，自不容有任何偏差，不容有任何破壞。特別是在大陸共匪以其「工具式」的偽憲殘酷統治三十年，使大陸淪為「民窮、民苦、民困」的「奪權互鬥場」，大陸同胞被迫發出了要民主、要自由、要生活的吼聲，實令人有椎心悲憤之痛。

　　因之，今天我們所當一心一意努力以赴的，就是

　──力求復興基地的安定、和諧、團結、純一；

　──加速國家建設，在建設中持續進步；一切精誠智慧，集中於反共；一切力量行動，集中於復國。

　　各位代表先生！今天國家雖處危難之境，但亦即舉國一致、共同奮鬥、扭轉形勢、再開新運的轉機。深信各位代表同仁必能一本操危慮患、抒忠靖難的精神，督責政府同仁，相與海內海外、敵前敵後同胞，動員、革新、戰鬥，迎向復國建國光明勝利的前途！

　　敬祝各位代表先生健康愉快！

　　中華民國國運昌隆！

12 月 26 日　星期三
上午

九時，主持中常會。

12 月 27 日　星期四
上午

九時，聽取警備總部報告。

十時，主持軍事會談。

下午

六時，至僑光堂參加臺灣地區鄉鎮市區長座談會建設事
項綜合研討會之餐會。並期勉全國行政人員要奉獻自己
的一切，使同胞都能安居樂業。

12 月 28 日　星期五
上午

九時四十五分，見鄧永祥（藝名新馬師曾）夫婦。

十時，主持安和會議。

12 月 29 日　星期六
上午

九時三十分，在府接見美國科學家（氫彈之父）泰勒
夫婦。

十時，主持選舉罷免法草案審查會談。

下午

五時許，巡視八斗子漁港興建工程，並訪問漁民、攤
販、計程車司機，與他們親切閒話家常。

12月30日至31日　星期日至一
【無記載】

民國日記 67

蔣經國大事日記（1979）
Daily Records of Chiang Ching-kuo, 1979

主　　編　民國歷史文化學社編輯部
總 編 輯　陳新林、呂芳上
執行編輯　林弘毅
美術編輯　溫心忻
封面設計　溫心忻
文字編輯　詹鈞誌

出　　版　開源書局出版有限公司

香港金鐘夏慤道 18 號海富中心
1 座 26 樓 06 室
TEL：+852-35860995

民國歷史文化學社 有限公司

10646 台北市大安區羅斯福路三段
37 號 7 樓之 1
TEL：+886-2-2369-6912
FAX：+886-2-2369-6990

初版一刷　2021 年 5 月 20 日
定　　價　新台幣 380 元
　　　　　港　幣 103 元
　　　　　美　元　15 元
I S B N　978-986-5578-24-4

http://www.rchcs.com.tw

國家圖書館出版品預行編目 (CIP) 資料

蔣經國大事日記 (1979) = Daily records of Chiang
Ching-kuo,1979/ 民國歷史文化學社編輯部主
編 . -- 初版 . -- 臺北市 : 民國歷史文化學社有限公
司 , 2021.05

　面；　公分 . -- (民國日記 ; 67)

ISBN 978-986-5578-24-4 (平裝)

1. 蔣經國　2. 臺灣傳記

005.33　　　　　　　　　　　　110006857